廣州 텃골
順菴 安鼎福 선생 유적 답사 자료

순암연구소

廣安의 노래

경쾌하고 흥겹게　　　　　재경광주안씨종친회 제정　　　　　안응수 작사 곡

廣州 텃골
順菴 安鼎福 선생 유적 답사 자료

□ 답사지역 : 경기도 광주시 텃골길 49 (중대동197-2) 텃골
- 텃골, 基谷, 頤谷 > 순암선생이 德谷이라고 명명.

□ 텃골과 순암선생의 정착
- 텃골 : 경기도 광주시 中垈洞 (행정동명 : 廣南洞)

- 조선초 이후 600년 廣州安氏 세거지. 경기도에 드물게 남은 同姓 班村.
- 본시 基谷이라고 하였는데, 순암선생이 德谷이라고 표기함.
- 여말선초, 安省 (태종조 좌참찬, 증시 思簡公, 淸白吏, 순암 12대조) 이후 安瑞羽 (兩棄齋, 울산부사, 순암 조부)까지 텃골 광주 안문은 대대로 벼슬.
- 순암선생 아들 安景曾 (생원, 호 唯菴, 尹東奎 문인) 이후 현 종손의 종증조 安鍾曄(내부주사, 호 又左)에 이르기까지 5대에 연이은 생원 진사 배출.

安鼎福 先生 (1712 — 1791)
- 자는 百順, 호는 順菴, 본관은 廣州.
  출생 : 4세까지 거주 : 충북 제천시 대랑동 221-28 (현재 대랑동 마을회관 앞)
- 부친 安極(증 廣平君)이 1735년 선영 아래 텃골에 정착.

조선국 중추원 가선대부 겸 동지중추부사 등을 지낸 조선 후기의 실학자, 성리학자, 작가, 역사가, 수필가이다. 본관은 경기도 광주(廣州)이며, 자는 백순(百順), 호는 순암(順庵)·한산병은(漢山病隱)·우이자(虞夷子)·상헌(橡軒)이다.

성호 이익(李瀷)의 문인으로서 스승의 문하에서 나온 뒤에도 계속 이익과 연락을 주고받으며 그의 지도를 받았다. 《성호사설》을 해석, 일부 수정한 《성호사설유선》을 편찬하였다. 여러가지 지식을 담은 《잡동산이 雜同散異》는 잡동사니라는 단어의 어원이 되기도 했다.

역사가이고 실학자이지만 성리학자이기도 하여 1767년(영조 43년)에는 왕명으로 《주자대전》과 《주자어류》의 어려운 구문을 해석, 번역하는 작업을 하기도 했다. 1775년 세손익위사익찬으로 세손(정조)를 보도할 때는 퇴계이황과 율곡이이를 비교하는 질문에 이이는 스스로 자득하였고, 이황이 선현의 뜻을 계승하였으니 이황을 정통으로 본다고 평하기도 했다.

노인직으로 통정대부 첨지중추부사와 가선대부 동지중추부사를 받았고, 정조 즉위 후 남인을 중용하였으나 스스로 관직을 사양하였다. 그 뒤 특명으로 광성군(廣成君)에 봉작되었다. 1790년 이후 천주교가 보급되면서 남인내에서도 천주교도가 퍼지자, 이를 경계하고 비판하였다. 《동사강목》과 계갑일록의 저자이자 발해사를 한국사 일부로 보았다. 사후 천주교 비판의 공로로 자헌대부 광성군(廣成君)에 추증되었다. 정조의 세손 시절 스승 중의 한 사람이다. 제천 태생이다.

출생과 가계

1712년 예조참의 안서우(安瑞雨)의 손자이고, 오위도총부 부총관을 지낸 안극(安極)과 어머니는 효령대군의 후손 이익령(李益齡)의 딸 전주이씨(全州李氏)의 아들로 태어났다. 충청북도 제천시 대랑동 221-28에서 태어났다. 그러나 1717년(숙종 43) 외할머니상을 당하여 어머니를 따라 외가인 전라남도 영광군 월산(月山)의 농장에 내려가 생활하다가 1719년 할아버지 안서우가 한성부에서 벼슬을 하게 됨에 따라, 남대문 밖 남정동(藍井洞)으로 귀경하였다.

그의 가계는 당시 세력을 잃은 남인으로 기호(畿湖) 간에 전전하면서 가난하게 생활하던 광주 안씨였다. 고조부 안시성(安時聖)은 현감을 지냈고, 증조부 안신행(安信行)은 종8품의 빙고별검(氷庫別檢)이었으며 할아버지 안서우의 대에 예조참의까지 역임했으나 경신대출척과 갑술옥사로 몰락하고 말았다. 아버지 안극은 종2품의 오위도총부 부총관에 이르렀지만 이는 명예직이었다.

어머니 전주이씨는 학문적 소양이 있는 여성이었는데, 후일 안정복은 어머니 증 정부인(贈貞夫人) 이씨가 역사에 대한 식견이 깊었다는 회고를 남겼다.

유년기와 소년기

유년 시절에는 하급 관리이던 조부를 따라서 여러 곳에서 보냈고, 1726년(영조 2)부터 무주에 복거하던 그의 일가는 1735년 할아버지 안서우가 사망하자 1736년(영조 12) 25세 때 선영이 있는 광주군 경안면(慶安面) 덕곡리(德谷里)에 정착하였다. 그 뒤 중년 이후에는 경기도 광주 덕곡(德谷)에 정착하여 순암(順菴)이라는 서실을 짓고 일생을 마쳤다.

그는 어려서부터 기억력, 암기력이 뛰어났는데 할아버지의 잦은 관직 이동과 아버지 안극의 입지에 따라 오랜 동안 정주지가 일정하지도 않은 환경이었다. 10세 때 ≪ 소학 ≫ 에 입문할 수 있었다. 그 뒤 일정한 스승이나 사문(師門)도 없이 학문을 시작했다. 그러나 경학(經學)은 물론, 역사·천문·지리·의약 등에 걸쳐 폭넓고 다양한 지식을 습득하였다. 그러나 갑술환국과 1701년 장희빈의 옥사로 남인은 몰락하였으며, 청소년기 시절이던 1728년 이인좌의 난으로 남인 대다수가 중앙정계에서 숙청되었으므로, 그는 일찍이 관직을 단념하고 과거에는 단 한번도 응시하지 않았다.

그는 어릴 때부터 병이 많았는데 이는 그의 활동에 제약을 주었다. 또한 관직 욕심이 없던 아버지 덕에 가세는 빈한하여 한때 종답(宗畓)을 팔지 않으면 안될 정도로 생활이 어려웠던 것으로 알려졌다. 그가 팔아버린 종답을 다시 사기 위해 노비와 함께 숯을 굽기까지 하였고, 결국 종중의 종답을 되찾게 된다.

학문연구와 저술, 연구 활동

실학, 성리학 수학

남인 성리학의 종통을 이은 인물이며 실학의 대가이기도 한 성호 이익을 찾아가 글과 학문을 배웠다. 이익은 실학자이면서도 성리학 지식도 해박하였는데, 허목으로부터 이어지는 남인 학통의 종주로 평가받는 인물이기도 하다. 그로부터 남인계 성리학을 수학한다. 이익의 문하에 출입하면서 신후담, 윤동규 (尹東奎), 이병휴(李秉休) 등을 만나 교분을 쌓기도 했다.

안정복이 광주에 정착하게 된 것은 그의 학문에 한 전환의 계기가 되었다. 그것은 다시 경세치용학파의 대종(大宗)인 성호 이익이 광주에 살고 있어서 안정복은 성호의 문하에 갈 수 있었고, 따라서 일생동안 성호에게 사사하면서 그의 학풍을 계승한 사람이 되었기 때문이다.

그는 본래 주자의 학설을 신봉하면서 그것에 의한 실천궁행에 힘쓸 뿐 새로운 것을 추구하기를 즐기지 않아 학문적 태도에 있어서 사제간에 대비를 보여준다. 그러나 사관 및 사론은 성호의 것을 그대로 받아들여 이를 전반적으로 계승하였다. 그리하여 조선 역사의 독자성에 입각한 역사 발전 주류의 계통화는 조선 역사의 체계적 파악 가능성을 높였다. 이익의 문하에 들어가서 공부하면서부터는 학문의 목표를 경세치용(經世致用)에 두고 이를 위해서 진력하였다. 이에 따라 그는 현장을 돌아다니기도 했고, 변복하고 민심의 동태를 직접 체험하기도 했다.

광주 덕안에 순암(順菴)이라는 서실을 짓고 문하생들을 양성한다. 그러나 많이 양성하지 못했고, 이기양(李基讓), 이가환(李家煥), 황덕일(黃德壹), 황덕길(黃德吉) 등이 배출되었다. 그 중 이가환과 권철신(權哲身)과 권일신 형제가 그의 문하에서 이름이 있었는데 권일신은 후에 그의 사위가 된다.

저술 활동

1737년 요,순,우 삼대 문화의 정통설을 기본으로 한 ≪치통도 治統圖≫를 저술하였고, 그해 사서 육경(四書六經)의 학문을 진리로 하는 ≪도통도 道統圖≫를 저술, 출간하였다. 1738년에는 ≪치현보 治縣譜≫를 저술했으며, 이어 향약인 ≪향사법 鄕社法≫을 지었다.

1740년 초기 학문적 완성인 ≪하학지남 下學持南≫상·하권을 저술하였다. 한편 중국 고대의 이상적인 토지제도를 해설한 ≪정전설 井

田說≫을 내 놓았고, 1741년에는 주자의 사상을 모방한 ≪내범 內範≫을 짓기도 하였다. 1744년에는 유형원(柳馨遠)의 저서 ≪반계수록 磻溪隨錄≫을 입수하였다. 이는 유형원의 사상을 계승하는 학자들과 두루 교류하여 1775년에는 그들과 함께 유형원의 연보와 행장인〈반계연보 磻溪年譜〉를 찬하였다.

동사강목 집필

그는 오랫동안《동사강목》을 편찬하며 스승인 성호 이익의 지도와 감수를 받았다. 스승인 이익은 거침없이 조언하는 한편으로 청나라로 파견되는 사절단이 있으면 지인들을 통해 자료를 구하기도 했고, 주변의 지인과 측근, 다른 문인들을 통해서도 자료들을 입수하여 그에게 내주곤 하였다.

그는 가학(家學)을 기본으로 경사(經史) 이외에도 다양한 독서를 탐독하였는데, 음양(陰陽), 성력(星曆), 의약(醫藥), 복서(卜筮), 무속 등에도 두루 지식이 있었고, 손자(孫子), 오자(吳子) 등의 병서, 한비자, 이사, 상앙 등의 법가, 불교, 노자(老子) 등의 노장 사상, 그리고 패승(稗乘), 소설 등에 이르기까지 다방면의 책을 탐독하였다. 그는 또 역학에도 조예가 깊어 사주나 관상도 더러 봐주었는데, 이 때문에 방술가(方術家)라는 비칭을 듣자 스승 이익(李瀷)으로부터 중단하라는 경고와 이름을 바꾸라는 조언을 듣기도 하였다.

《동사강목》등을 저술하여 과거의 역사와 지리학을 비판하고, 신라 역사의 정통성과 자주성을 강조했다. 또한 천주교에 대해서도 비판적인 태도를 취하여 당시 학자들이 천주교에 관심을 보이는 것에 경고하였다. 성호의 대표적 저서인《성호사설》을 수정 가필 하고 요령 있게 정선한《성호사설유선》이라는 대작을 편찬하기도 하였다.

관직에 뜻을 두지 않고 학문 연구와 사료 연구, 후학 양성과 집필에 몰두하였다.

그는 이익의 문하에 출입하며 학문연구를 계속했고, 후학 양성에도 노력하였다. 그러나 그는 각지를 돌아다니며 연구에 전력하였으므로 문하생은 그리 많지 않았다. 그 뒤 계속 출사하라는 주변의 권고를 무시하던 중 1749년 결국 문음(門蔭)으로 출사하여 만령전참봉(萬寧殿參奉)에 천거되어 관직에 나갔다.

1750년 의영고봉사(義盈庫奉事)가 되고, 1752년에는 귀후서별제(歸厚署別提)를 역임하였다. 1753년 사헌부감찰에 이르렀으나 부친의 사망과 건강 악화로 벼슬을 그만두었다. 고향으로 돌아온 그는 그 동안 준비해 온 저술들을 정리하여 1753년 퇴계 이황의 학문적 치적을 설명한 스승 이익의 저술인 ≪도동록 道東錄≫을 ≪이자수어 李子粹語≫로 개칭해 편집하였다. 1756년 향약인〈이리동약 二里洞約〉을 짓고, 1757년 향약을 바탕으로 ≪임관정요 臨官政要≫를 저술하였다. 이후 복직하여 사헌부감찰, 세자익위사익찬(世自翊衛司翊贊) 등을 역임하고 세자시강원에 배치되었다.

1767년에는 ≪열조통기 列朝通紀≫를 간행하였다. 세자시강원에 재직 중인 1767년(영조 43년)에는 왕명으로 이관(李灌)·한용화(韓用和)·박사형(朴師亨)·이겸진(李謙鎭)·심정진(沈定鎭)·임정주(任靖周) 등과 함께《주자대전》과《주자어류》의 장구(章句)를 정하고 의심스런 뜻을 해석하여 풀이하였다.

1772년 세손익위사익찬(翊贊), 위솔(衛率)이 되어 세손(뒷날의 정조)의 교육을 담당하였다. 1775년 세손익위사 위솔로 세손(정조)를 보도할 때는 퇴계이황과 율곡이이를 비교하는 질문에 이이는 스스로 자득하였고, 이황이 선현의 뜻을 계승하였으니 이황을 정통으로 본다고 평하기도 했다.

율곡 이이(李珥)의 학설은 참신하기는 하지만 자득(自得)이 많고, 퇴계 이황(李滉)은 전현(前賢)의 학설을 존중해 주는 근본이 있으므로 당연히 이황의 학설을 따르는 것입니다.

그해 65세 때에 외직인 목천현감(木川縣監)으로 나갔다. 3년 뒤 지방관의 임기를 마친 뒤 관직에서 물러났다. 그 뒤 다시 부름을 받아 돈녕부주부(敦寧府主簿), 의빈부도사(義賓府都事), 세자익위사익찬(世子翊衛司翊贊)을 역임하였다. 그 뒤 관직에서 물러나 고향 덕곡리에 선영이 있는 영장산(靈長山) 아래 여택재(麗澤齋)라는 청사(廳舍)를 지어 춘추로 제사를 지내고 후학 양성에 힘을 쏟았다.

그 뒤 노인직으로 통정대부 첨지중추부사가 제수되었고, 이듬해 다시 가선대부 동지중추부사로 승진하였다. 나이가 들어서도 80세의 나이로 죽을 때까지 학문연구와 할 수신과 제가, 치인 등 선비로서 갖추어야 몸가짐을 게을리하지 않고 늘 스스로를 경계하였다.

천주교에 대한 공격

성리학이나 실학 외에도 도교와 노장 사상까지도 두루 수용하였다. 그러나 천주교만큼은 이단사상(異端思想)으로 간주하여 배척에 앞장섰다. 양반과 상민의 존재를 부정하고, 천당과 지옥이라고 하는 것을 들먹이며 눈에 보이지 않는 거짓으로 사람들을 속인다는 것이 그가 천주교를 비난하는 이유였다. 천주교의 전파가 평민과 노비 외에도 사대부가의 여성들에게까지 전파되는 등 사회문제가 되자 그는 1785년(정조 9) 《천학고 天學考》와 《천학문답 天學問答》 을 저술하여 정조에게 바쳤다. 《천학고》와 《천학문답》에서 그는 천주교의 내세관(來世觀)이 지닌 현실부정에 대해 조목조목 지적, 비판하였다.

제자이면서 사돈인 권철신과 사위이자 권철신의 동생인 권일신(權日身)이 천주교에 호의를 보이자 이들에게 수많은 서찰을 보내 천주교에 빠지지 말 것을 촉구하기도 했다. 그에게 천국과 지옥의 존재와 양반 상민의 계급을 부정하는 것은 곧 일체의 반질서적인 사상으로 간주되었다. 실학사상은 인정되지 않았으나 천주교에 대해 적대적이었던 것만큼은 정주학으로 재무장한 노론 벽파 정권에서도 그대로 받아들여졌다.

만년

1776년 정조 즉위 후 남인을 중용하던 정책을 펴던 정조의 배려로 입궐하여 세상을 태평하게 하는 것은 경세에 있다고 한 뒤 물러났다. 이후 정조는 그에게 출사의 뜻을 전했으나 고향에서 학문 연구에 전념하겠다며 모두 사양하였다. 1784년 정조의 명령으로 서용의 령이 내려졌고, 그 뒤 특별 명령으로 광성군(廣成君)에 봉작되었다.

그 뒤 천주교가 보급되면서 남인 내에 천주교 신봉자들이 나타나자 이를 경계하고, 비판하였다. 1790년 이후 천주교가 확산되자 사후 세계라는 이름으로 사람들을 혹세무민한다며 비판한다. 1791년 7월 20일 광주 덕곡 자택에서 조용히 사망하니 향년 80세였다.

저서로는《순암집》,《성호사설유선》,《상헌수필》,《홍범연의》,《가례집해》,《천학고》,《천학문답》,《희현록》,소설《여용국전》(女容國傳) 등이 있다.

사후

정조는 그의 죽음을 애석히 여겨 특별히 부의를 추가하고 사람을 보내 조문하였다. 그는 천주교에 비판적이었던 까닭에 1791년의 윤지충, 권상연의 위패 소각 사건 때와 1801년 남인 천주교 신봉자들을 처형할 때 화를 면했다.

1791년에는 이승훈의 사건에 연루되어 사위 권일신(權日身)이 공초를 받기도 했다.

> ※ 시골에서 올라올 때 동생이 중도에 마중 나와서 대략 홍낙안과 목만중 두 사람의 일을 알려주어 이로써 알았습니다만, 저와 저의 장인인 고 동지중추부사 안정복(安鼎福)이 서로 사이가 어긋났다는 말은 모두 시속의 부박한 자들이 만들어낸 것입니다. 《천주문답(天主問答)》 한 가지 일로 말하더라도 장인이 분명히 이 책을 지었으나, 그와 더불어 강론할 때 입론(立論)이 준엄하지 못해 인심을 격려하고 경계시킬 수 없다고 말을 주고받은 일이 있으니, 제가 이 학술을 위하지 않았음을 미루어 알 수 있을 것입니다.
> 제 자식이 외조부의 상을 당했을 때 장례에 참여하지 않은 것으로 말하면, 그때 마침 제가 중병에 걸려 사경(死境)에 처했기 때문에, 힘을 다해 구호하느라 다른 것을 돌볼 겨를이 없어 가서 참여하지 못했던 것입니다. 그러나 초상 때에는 두 아들이 모두 가서 호상(護喪)하였고, 또 장사지낸 뒤에도 계속 왕래를 하였으니, 이로써 애초부터 서로 어긋난 일이 없었다는 것을 알 수 있을 것입니다.

권일신은 이승훈에 관련되어 일곱 번의 공초, 형문을 당했다. 그 뒤 사형은 면하고 위리 안치(圍籬安置) 된다. 그의 장례식에 사위 권일신(權日身)과 외손자들이 방문하지 않아 시중의 논란거리가 되었다.

1801년(순조 1년) 천주교 탄압에 앞장선 노론 벽파(僻派)로부터 천주교 비판의 공을 인정받고 자헌대부(資憲大夫) 광성군에 추증되었다.

안정복의 사후 80년이 지난 고종임금이 안정복에게 시호를 내려주는 어명을 내려주는 기록이 고종실록에 나타난다.

1871년 고종 8년 3월 16일 병오 4번째 기사 증 좌참찬(贈左參贊) 안정복(安鼎福)은 문숙공(文肅公)으로 추증한다.

저서 및 작품

- 저서[편집]

《순암집)《상헌수필》,홍범연의》,(희현록),《하학지남(下學指南)》,《임관정요(臨官政要)》,《잡동산이(雜同散異》,성호사설유선(星湖僿說類選)》 등

- 역사서 : 동사강목(東史綱目)》,《열조통기(列朝通紀)》,《계갑일록(癸甲日錄)》
- 예론서 : 《가례집해 (家禮集解)》
- 천주교 비판서 : 《천학고》,《천학문답 (天學問答)》
- 소설[편집]

《여용국전》(女容國傳)

- 작품[편집]

반계유형원행

사상, 학문적 치적

경종 1년(1721)에 학문의 길에 들어섰고, 35세 때 이익의 문하에 들어가면서 학문의 목표를 경세치용(經世致用)에 두고 이를 위해 진력하였다.

영조 25년(1749)에 만령전(萬寧殿) 참봉(參奉)에 부임한 것을 시작으로, 내직으로는 감찰·익위사익찬(翊衛司翊贊)을 역임하였고, 외직으로는 65세 때에 목천현감(木川縣監)을 지냈다. 그의 학문은 이익의 가르침을 받는 한편, 성호학파의 여러 학자들과 어울려서 경세치용의 구체적인 모색을 위한 사상적인 정립을 모색하여 갔다. 이러한 사상적 성과는 ≪순암선생문집(順庵先生文集)≫ 30권 15책을 비롯한 많은 저술로서 집대성되었다.

　스승 이익의 문하를 나선 뒤에도 오래도록 이익의 가르침을 받는 한편, 성호학파(星湖學派)와 성호학파 이외의 남인실학자, 남인 성리학자들과도 두루 교류하고 어울리면서 토론하고 서신을 주고받는 등 학문적 교환을 하며 자신의 사상적 영역을 넓혀나갔으며, 교육, 학문연구 외에도 경세치용의 구체적인 모색을 위한 사상적 정립을 해나가게 된다. ≪하학지남≫은 주자의 ≪소학≫을 모방한 것으로 저술의 기본이념은 '하학이상달(下學而上達)'이라고 밝히면서 하학의 중요성을 강조하였다. 즉, 학행일치(學行一致)를 통해 조선 후기 양반사회의 공리공담의 이기논쟁을 직·간접으로 반박하였다.

　그의 저술로는 ≪순암선생문집(順庵先生文集)≫ 30권 15책 외에도 ≪하학지남 (下學指南)≫, ≪임관정요 (臨官政要)≫, ≪가례집해 (家禮集解)≫, ≪잡동산이 (雜同散異)≫, ≪성호사설유선 (星湖僿說類選)≫,
　역사서인 ≪동사강목 (東史綱目)≫, ≪열조통기 (列朝通紀)≫, ≪계갑일록(癸甲日錄)≫ 등을 남겼다. 동사강목, 계갑일록 외에도 ≪잡동산이(雜同散異)≫, ≪성호사설유선 (星湖僿說類選)≫ 등도 안정복을 이해하는 데 빼놓을 수 없는 책들로 간주된다.

기독교 비판

실학과 성리학 사이를 오가던 그는 천주교에 적대적이었다. 그는 천주교가 사람들을 미혹하게 하고, 성호학파나 그 밖의 남인실학, 성리학자들 중 천주교를 신봉하는 자들에게 공격을 취하였다. 그에 의하면 현실에서의 삶도 이해하지 못하는데 사후 세계를 말하며 사람들을 혹세무민한다는 것이다.

1785년의 《천학고(天學考)》와 《천학문답(天學問答)》의 저술은 천주교의 배척을 위한 논리적인 무장이었다. 그리고 이기양·권철신 등에게 양명학에도 깊은 관심을 갖자 이들에게 서찰을 보내 양명학의 이단성과 불확실성을 경계하였다. 다른 한편으로는 계속해서 문인들의 천주교 입교를 막는 한편, 천주교 교리의 이단성과 반사회성을 서찰로서 간곡히 설득, 이해시키려고 하였다. 《천학고(天學考)》·《천학문답(天學問答)》에서 그는 그의 주변을 위협하였던 천주교의 박해를 당연한 것으로 인식했다. 이는 남인을 떠나 안정복과 같은 전통적 조선시대 사대부들이 서학(西學)을 어떻게 보고 있었는가에 대한 인식을 살펴보는 데 중요한 저술이기도 하다.

성리학적 지식

그는 원시 유교와 주자학의 지식도 많이 알고 있었고, 해석, 번역에도 능하였다. 1767년(영조 43년)에는 세자시강원의 궁료로 있으면서 이관(李灌)·한용화·박사형·이겸진·심정진·임정주 등과 함께 영조의 명으로 《주자대전》과 《주자어류》를 받아 그 장구(章句)를 정하고 의심스런 뜻을 해석하며 그 언독(諺讀)을 기록하고 내용을 해석하는데 참여하였다.

기타

그는 발해사를 최초로 한국의 역사로 보았다. 이러한 그의 경향은 유득공의 발해고로 이어지게 된다. 그러나 고구려-발해-고려만을 정통으로 보지 않고 신라 역시 정통으로 보는 등의 균형적인 시각을 유지하려고 노력하였다.

그의 저작 중 《잡동산이 雜同散異》는 훗날의 잡동사니라는 단어의 어원이 되기도 했다. 저서 중《임관정요》는 후학인 정약용(丁若鏞)의 저서《목민심서 (牧民心書)》의 저술에 영향을 주었다.

※위키백과

육잠

너의 체는 고요하지만 / 爾體雖寂
너의 용은 느낌이 많나니 / 爾用多感
고요하면 보존하여 / 靜而存之
물처럼 담담하게 하고 / 如水之淡
동하면 살피되 / 動而察之
기미를 조심하라 / 惟幾之審
어둡기 쉽고 어지럽기 쉬우니 / 易昏易亂
언제나 조심하여 / 恒若懍懍
기욕을 단절하고 / 斷絶嗜慾
잡념을 없애라 / 掃除客念
추구하여 마지 않기를 / 推究不置
혹리가 조사하듯 하고 / 如酷吏按驗
무엇 하나 남기지 않기를 / 不留一物
빗자루로 먼지를 쓸 듯이 하라 / 若密帚掃塵
오래 하여 공부가 깊어지면 / 悠久功深
나의 본모습 되찾으리라 / 反我天眞
이상은 심잠(心箴)이다.

선을 보기를 반드시 밝게 하고 / 見善必明
악을 보기를 소경처럼 하라 / 見惡如瞽

바르지 못한 빛깔은 / 不正之色
사람의 마음을 현혹시키는 법 / 令人心蠱
너의 눈을 거두어들여 / 收爾視
밖으로 치닫게 하지 마라 / 無外騖
이상은 목잠(目箴)이다.

선을 들을 땐 반드시 귀 귀울이고 / 聞善必聰
악을 들을 땐 귀머거리가 돼라 / 聞惡如聾
음탕한 소리는 / 淫佚之聲
나의 천성을 해치나니 / 戕我天衷
너의 귀를 단속하여서 / 斂爾聽
정신이 안에서 충만케 하라 / 神內充
이상은 이잠(耳箴)이다.

앉으면 반드시 단정히 손 모으고 / 坐必端拱
서면 반드시 공손함을 유지하라 / 立必恭持
망녕되이 가리켜서 보는 사람 놀라게 말고 /
勿妄指以駭瞻
함부로 놀려 위의를 잃지 마라 / 勿輕弄以失儀
위는 수잠(手箴)이다.

법도에 맞추어 가고 멈추며 / 規行矩止
빠르고 더디기를 적절히 하라 / 疾徐合宜
무겁게 하려면 공경을 다하고 / 欲其重以致敬
움직일 땐 위험 많음 두려워하라 / 恐其動而多危
이상은 족잠(足箴)이다.

말로써 마음을 드러내니 / 言以宣心
길흉과 선악이 여기에서 드러나며 / 吉凶善惡斯見
음식으로 몸을 기르니 / 食以養體
수요와 사생이 달려 있는 바이다 / 壽夭死生所托
그러므로 성인은 / 是以聖人
말을 삼가고 음식을 절제했나니 / 愼言語節飮食

제천땅에 서서 _ 안 용 환_

호명산 자락 대랑동 들길에 서니
바람에 묵은 이야기를 품고 불어온다

표몽(豹夢)의 잉태로 태어나신
순암(順菴) 안정복(安鼎福)의 첫 울음이
이 땅의 흙과 섞였을 그날 이후
제천은 한줄기 맑은 글 빛을 품어
오늘의 나에게 까지 흘러온다.

호명산은 북직하게 둘러앉아
명당의 기운을 품고 있었고
물길은 고요히 흘러
선조의 뜻을 담아내고 있었다.

나는 후손으로 서서
남다른 떨림을 느낀다
이 흙과 바람이 내게 전하는 것은
단순한 고향의 냄새가 아니라
핏줄로 이어진 깊은 약속이다.

제천의 산과 물이 증언한다.
한 생이 이곳에서 시작되어
역사로 남았음을
그리고 그 울림이
오늘 내 가슴에 다시 살아 있음을.

□ **순암선생 일생** (요약)

1712년(숙종38) 12월, 충북 제천시 대랑동 221-28. (현재 대랑동 마을회관 앞) 느르번(楡院, 인척 칠원 윤씨 마을) 출생. 4세에 이주 父, 祖를 따라 영광, 서울, 울산, 무주에서 성장.

1721년 조부 兩棄齋가 廣陽君(安滉, 호성공신) 奉祀孫이 됨.

1736년, 25세. 부친을 따라 선영 아래 **텃골 정착**. 이후 학문에 전념, <性理大全> <心經> 등 성리서 탐구.

1740년, 29세. <下學指南>(1740) 지음.

1746년, 35세. **성호선생 문하 입문**. 이후 1763년 성호 별세까지 수학. <函丈錄>

<李子粹語>(1754) <星湖僿說類選>(1762) 편집.

1749년, 38세. 門蔭으로 벼슬 시작. 4년간 동몽교관, 참봉, 직장, 별제, 감찰 역임.

1759년, 48세. <東史綱目> 초고 완성.

1761년, 50세. **麗澤齋 건립.**

<列朝統紀>(1767) <東史綱目> 탈고(1778).

1772년, 61세. 익위사 익찬, 위솔 역임. 왕세손(뒷날의 正祖) 보도. 31세경부터 柳馨遠의 저술 초고 열독. 抄書籠에 보관,

뒷날<磻溪雜稿> (여강출판사, 1990년경)로 정리됨.

<磻溪年譜>(1775) 편찬.

1776년, 65세. 충청도 목천현감 부임. <大麓誌> <木州政事> 편찬.

1785년, 74세. <天學考> <天學問答> 지음.

1789년, 78세. 가선대부 동지중추부사, 廣成君 습봉.

1791년(정조15) 7월, 80세로 별세.
1801년, 자헌대부 의정부 좌참찬 증직, 文肅公의 시호를 받음(1871년 고종 8년).
1900년, 5대손 安鍾曄이 <순암선생문집> 30권 15책 간행, 목활자본.

□ **순암선생**, 성호선생의 학문 계승, 후대에 전수.
순암 ⇒ 黃德吉(下廬, 양천) ⇒ 許傳(性齋, 포천) ⇒ 許薰(舫山, 선산) / 盧相稷(小訥, 밀양) / 李南珪(修堂, 예산) 등이 20세기 초까지 성호~순암 학통을 전수.
- 申采浩, 卞榮晩은 수당을, 張志淵은 방산을 통하여 성호, 순암 학통의 영향 받음.

□ **저술**, 위 연표에 소개한 것 이외에 아래 것이 있으나, < >표기한 것을 제외하고는 유감스럽게도 전하지 않음. 治統道統圖, <讀史詳節>, 內範, 洪範衍義, 雜卦說, 廣州志, <慶安洞約> <希賢錄> <百選詩>, 史鑑, 無名五賢傳, <六箴>, <朱子語類節要>, <享祀笏記>, 家禮集解, 詩經名物考, <德社學約>, 東銘圖, <擬問>, <東史補闕>, 八家百選, <萬物類聚> 閑諍錄, <三聖傳>, <雜同散異>, <德谷格言> (황덕길 편)

□ **현존 순암선생 저작**
- **국역 동사강목**(10책), 민족문화추진회.
- **국역 순암집**(5책), 민족문화추진회.
- **재번역 순암집**(7책), 이상하 역, 성균관대학교 출판부.
- 순암부부고 2책, 국사편찬위원회 : 탈초본.
- 순암총서(2권), 성대대동문화연구원 영인본 : 문집, 하학지남, 계갑일록, 열조통기.

- 순암전집(4권), 여강출판사 영인본 : 문집, 목주정사, 대록지, 하학지남, 임관정요, 의문, 희현록, 삼성전, 만물류취.
- 동사강목(3책), 경인문화사 영인본.
- 잡동산이, 아세아문화사 영인본.
- 선본해제.- 순암 안정복 : 국립중앙도서관 해제집.

순암 묘소 : 경기도 광주시 중대동 산 15-1

2014년 4월 20일 김문수 경기도지사 참배

매년 약 300여 명 참배객 방문

□ 텃골의 순암선생 유적

- 麗澤齋 : 광주시 텃골길 49번지(중대동 197-2)

순암선생의 강학서당. 3칸 정사 (1761년 건립)
2013년 10월 15일 광주시 향토문화유산 제5호 지정

□ 순암 선생 추모제향 및 문학상 시상식
(매년 10월 마지막 주 토요일)

◎ 광주시 주관 - 이택재에서

추모제향 : 성균관 유도회 광주지부

그대는 아침햇살   - 안용환 -

나와 전혀 무관한 사람이라
그냥 지나칠 뻔했는데
나도
그대가 망서림 없이 오신다면
계절인 듯 반기려 해요

영장산 기슭 텃골에 뜬 별
바람이 스치고 지나버린
어언 삼백 년
그대의 빛은
떠 오르는 아침햇살
세월은 가버리는 것
인생도 그렇게 떠나가는걸…

책을 펼치면
바람이 한 장 한 장 넘기고
나는 이렇게 웃는걸요
오시려거든
그대도 계절처럼
언제든지 다녀가시기를…

영원히 길이 빛날
순암 안정복
그대는 정녕 내게 아픔입니다.

순암 안정복선생 제례악

순암 안정복선생 제례악 가사 –안 용 환–

초헌(初獻)
천지(天地) 신(神)께 고하고
해와 달에 소원합니다
하늘에서 불을 받고
땅에서는 물을 받으며
자손만대에 끝없이 이어갈
부족하고 어리석은
후손(後孫)들의 소원(所願)을 담아주소서
수기치인(修己治人) 하시면서
후세에 본받을 가르침을 주셨으니
그 공적(功績)을 선양(宣揚)하며 노래하나이다.

아헌례(亞獻禮) + 종헌례(終獻禮)
표몽(豹夢)의 서기(瑞氣)로 태어나사
산천경계(山川境界) 두루 돌아 경륜(經綸)을 쌓으시고
인의예지(仁義禮智)본을 삼아 학문에 정진하사
고단한 인생살이 훌훌 털어 버리셨네
덕곡(德谷)에 좌정(坐停)하셔, 후학을 양성하며
관리의 훈육(訓育)서 임관정요 지으시고
최초의 역사서 동사강목 지으셨네
입신양명(立身揚名) 뒷전으로
참선비의 길을 걸으셨네
님이시어 !
아~~ 아 ~~

거룩하신 우리조상
순암 선생님~
님이시어~ 님이시어~
실사구시 학덕이 만천하에 떨칠지니
삼가 극진한 예로서 이 잔을 올리나이다.

송신례(送神禮) + 음복례(飮福禮)
천신(天神)과 함께 하림(下臨)하시어
삼가 부족(不足)한 제향(祭享)을 받아 주시고
악곡(樂曲)을 울리오니 만족(滿足)해 하시는 도다.
우매(愚昧) 방자(放恣)한 후손들을 어여삐 여기사
근심을 털어 만대의 행복을
염원(念願)해 주시오며
영원토록 살펴 주소서
자손만대에 예지(叡智)를 이루고 가시는 도다
학문(學文)으로 이룬 장지(壯志) 영세(永世)토록 빛나리니
고이 잠드소서 영령(英靈)이시여 !

전폐(奠幣)
하늘 뜻에 날을 받아
제물(祭物)을 올리옵나이다
혼령(魂靈)의 영험(靈驗)함 만으로도
후손(後孫)들의 자긍심이 솟아나니
소박(素朴)한 예(禮)로서 정성(精誠)껏 올리나이다
대대손손(代代孫孫) 저희를 어여삐 보시고
도타운 사랑으로 제(祭)를 살펴 주시고
넓으신 마음으로 흠향(歆饗)하옵소서.

□ 추모제에 헌다례

제1부 추모제향 마무리

- **묘소** : 마을 뒷산 靈長山 8부 중턱. 이택재에서 약 1km 거리.
- **순암선생 종가** : 중대동 210번지. 8대 종손 安甲煥씨 거주.
- 文肅公順菴安鼎福先生崇慕碑, 1992년 李佑成 찬, 이훈종 글씨. 이택재 앞에 건립.
- 친필 저작 및 고문서, 한국정신문화연구원 편 <古文書集成8>(1990년)에 수록.
- 2002년 이후 한국학중앙연구원 장서각에 기탁 보관.

□ 전통예절교육 및 선비체험

유·초등부 하절기에 전통예절교육 및 선비체험

뿌듯한 마음 - 안 용 환 -

작은 발걸음 모여드는 이택재
맑은 눈동자 속에 예절이 싹트고
고운 손짓마다 전통의 향기가 번집니다.

책 읽는 소리 고요히 울려 퍼지면
선비의 길, 곧은 뜻이 아이들의 가슴에 스며
순암 안정복 선생의 얼이 빛으로 살아납니다

네 주 동안 이어시는 배움의 향연
예의와 바름이 씨앗이 되어
후손들의 뿌듯한 마음속에 깊이 뿌리내리네

오늘의 아이들이 내일의 선비 되어
세상을 바르게 밝히리라
그 길에 선조의 정신이 늘 함께하리라.

□ 순암 안정복 문학상 시상식 참석 내빈

우로부터 광주시장, 국회의원, 광주시의회 의장, 광주문화원장 외 시민

순암 안정복 문학상 시상식 식전 행사

▷ 방세환 광주시장 시상

▷ 소병훈 국회의원 시상

▷ 순암연구소장 대상 시상

▷ 시상식 후 공연

가을 한잔 - 안용환 -

가을을 열어
커피 한 잔에 담아본다
은행잎, 단풍잎, 300년의 별도 넣어
님의 향기를 마셔본다
코끝에 닿는 가을은
진한 구수함이 가슴을 쉬게한다

님의 사상과 업적을 따다 하나 띄워
한 모금 넘기려 할제
반가이 떠오르는 미소 한 자락
반기려 할새없이
금새 파장을 일고
맴만 돌고 아픔으로 남는
부끄러운 후손

상큼한 가을 아침
창문 넘어 그리움이
물밀듯 잔 속으로 잠겨오고
한 모금씩 목젖으로 넘길 때마다
느껴지는 선조님의 향기
순암 안정복을 느끼며
님의 향기에 취해 사랑을 마셔본다
이천십이년 시월 이십일

□ 텃골 광주 안문의 주요 인사

- 安省 : 태종, 좌참찬, 증시 思簡公, 호 泉谷, 雪泉. 순암 12대조.
  조선왕조실록 최초 기록 淸白吏, 제1호로 녹선.
  각 도 관찰사 역임

思簡公(휘 省)의 생애

思簡公(사간공) 安 省(성)
(호 泉谷) (1351~1421)

여러 집들이 주로 慶尙道에서 살았던 것과는 달리, 思簡公의 자손들은 서울과 京畿道, 忠淸道, 全羅道, 慶尙道에 걸쳐 살았다. 특히 서울 인근 廣州에 先塋을 조성한 것은 사간공 이후의 일이다. 서울과 경기도 인근에 터를 잡은 자손들은 조선시대 전 시기에 걸쳐 높고 낮은 벼슬을 받은 官人들이 끊이지 않았다.

思簡公(휘 省,1351 ~1421년), 호 泉谷, 雪泉, 배 礪山 宋齊岱 女, 기6세)에 대한 기미보의 기록은 다음과 같다.

자는 習之. 홍무 경신년 생원이고, 고려 조 우왕 때 과거에 급제하여 보문각 직제학을 지냈다. 조선 개국 뒤 태종 시에 좌참찬을 거쳐 개성부 유후, 평양백에 올랐고, 세종 3년 별세한 뒤에 받은 시호는 사간이며, 청백리에 녹선 되었다. 호는 천곡이다. 배위 군부인 礪陽 宋氏는 留守 齊岱의 따님이다. 합장한 분묘가 廣州 慶安 基谷 인좌원에 있다.

사간공 종회에서 엮은 『思簡公泉谷先生遺事誌』는 이 어른이 고려 忠定王 때에 출생한 것으로 추정한다. 위에서 말한 홍무 경신년은 고려 禑王 6년인 1380년인데, 이 해에 生員이 되고 文科에 급제하였다. 소시부터 한쪽 눈이 작아 아명인 少目을 사용하였는데, 임금이 불러 보고는 두 글자를 합쳐 省이라는 이름을 내려주었다고 전한다. 이후에 日三이라는 자를 사용하였을 것으로 추정되니, 『論語』 학이편, 曾子의 말인 "吾日三省吾身"에서 휘함과 자함을 함께 차용하였음을 알 수 있다. 고려 말에 보문각 직학사, 밀직제학 등 문한의 직을 받았다. 고려의 국운이 쇠함을 보고, 벼슬을 버리고 낙향할 즈음에 鄭圃隱, 吉冶隱과 함께 松都의 橐駝橋에서 이별하면서 「冥鴻」이라는 시를 지었다는 기록도 전한다.

조선 태조 초에 상주 판관을 지냈다는 『상주읍지』의 기록이 있으며, 1394년, 태조 2년에 공과 禹玄寶, 柳珣, 吉再, 徐甄 등 5인을 淸白吏로 錄選 하였는데, 이것은 朝鮮 最初로 기록된 淸白吏라고 한다.

이후 봉상시 소경, 사헌부 중승, 지보주사, 우사간, 전라도, 경상도, 황해도 관찰사, 참지의정부사를 거쳤고, 1411년, 태종 11년에는 賀正副使로 明에 다녀왔다. 대사헌, 한성부윤, 의정부 좌참찬, 평안도 관찰사를 거쳐 세종 원년에 開城府 留後, 平壤伯을 받았다. 얼마 뒤에 사직하고 안동 하회에 내려가 살다가 1421년, 세종 3년 7월 16일에 별세하였다.

부음이 전해지자 조정에서는 3일 동안 조회를 중지하였고 종이 70권을 부의로 내렸으며 思簡의 諡號를 내렸다. 그 해 10월에 경기도 廣州 基谷[텃골] 靈長山 아래로 반장할 때에는 경상도, 충청도, 경기도의 三道 監司에게 護喪케 하였다. 별세 후 368년이 지난 뒤인 1789년, 정조 13년에 南原의 湖巖書院에, 397년 뒤인 1818년, 순조 18년에는 長水의 龍巖書院에서 위판을 모셨다. 이 중 용암서원은 공이 主享이다.

그런데 유사지는 왕조실록 등을 참고하여 사간공의 연보를 정리한 뒤에 또 『인물고』에서 인용한 다음 글을 싣고 있다.

자는 일삼, 호는 설천이고, 천곡이라는 호도 있다. (중략) 상주 판관이 되었는데, 백성들이 그 청렴함에 감복하였다. 조선 태조에 이르러 그를 불러 송경 유수로 삼자, 성이, "먼 조상 이하 18대가 대대로 전조를 섬겨 시중이 7인이고, 학사가 8인이었으니, 바로 교목세신입니다. 지하에 묻힌 선조들이 모두 왕씨의 귀신인데, 어찌 죽음이 두렵다고 해서 차마 타성의 신하가 되겠습니까?"라고 말하고, 머리로 전각의 기둥을 받으면서 크게 통곡하였다. 좌우의 근시들이 그를 죽이려 하자, 태조가 급히 부축하여 내보내면서, "이 사람을 죽이면 후세에 충성을 높이고 절의를 지키는 선비가 없어질 것이다."라고 말하였다. 태종 때에 참찬을 제배하고 평양백에 봉하였으며, 세종 때 별세한 뒤에 사간의 시호를 받았다. 공은 전후로 벼슬한 40년에 여러 번 번병을 맡았는데, 책과 이불을 담은 상자 하나 만을 갖고 갔다가 돌아오곤 하였다. 상자가 파손되어 물건을 담을 수 없게 되자 부인 송씨가, "상자가 부서졌는데 어찌 고치지 않는가요?"라고 말하자, "내게 본래 종이가 없는데, 무엇으로 고쳐 바르겠는가?"라고 대답하였다. 방촌 황정승이 그 병이 위독하다는 소식을 듣고 찾아가서 문병을 하였다. 공이 막 운명하려는 참이었다. 서로 손을 잡고 영결하면서 "우리들이 몸을 마친 뒤의 일은 단지 廉 한 글자를 지키는 것일 뿐."이라고 말하였다. 비석을 세우지 말라는 명을 남겼다.

泉谷 禮讚文(畫像贊 厖村集) 厖村(방촌) 黃喜(황희) 지음

飄然卓立	풍파에 정처없이 떠도는 가운데 우뚝솟아 있으니
鳳乎千仞	온 누리 새 중에 봉황 새 같고
道配圃冶	도의는 포은(鄭夢周)과 야은(吉再)과도 짝 할만 하고
德合箕潁	덕은 기산(箕山) 영수(潁水)를 합친 것 같네
一籠自隨	하나의 허름한 대 농짝(竹籠)이 뒤를 따르니
廉歸何重	청렴하게 살다가 가는 것이 어찌 중요하지 않으랴?
淵明去後	도연명이 죽은 후에
復有一人	또 한 분이 있음이로세

방촌(尨村) 황희(黃喜)(1363~1452) 개성출신 장수황씨 이며
고려인물로 조선의 문관 이조판서. 호조판서. 예조판서. 병조판서. 형조판서. 공조판서. 영의정18년. 좌의정5년. 우의정1년 24년간 정승의 자리에 있었다.

禑王 때 과거에 급제한 뒤에 임금에게서 이름을 받았던 것과 몇몇 벼슬에 대한 기록은 동일하지만, 조선 태조가 개성 유수로 불렀다는 것은 세종 원년에 개성 유후가 되었다는 왕조실록과는 상치한다.

위 기록에서 주목하는 것은 공이 조선 태조에게 억지로 불려나와 벼슬을 하게 되었다는 것이다. 광주 텃골에는 1997년에 묘전비와 함께 동구에 사적비를 세우기 전까지는 공의 묘소에는 작은 墓表 하나 없었다. 집안에 전하는 말은, 생전의 공이 不事二君의 절개를 지키지 못하였으니 비석을 세우지 말라는 遺命을 남겼다는 것이다. 그런데 공의 장인 宋齊岱공이 太宗 妃 元敬王后의 外叔이었고, 공의 姊兄 柳寬공과 아들의 장인 金定卿공이 모두 조선의 개국공신이었고, 사위들도 모두 개국공신 집안의 자제들이었다. 그러니 공이 비록 高麗의 遺臣으로 살려 했더라도 끝내 그럴 수가 없었으리라는 짐작도 해 본다.

앞서 인용한 글에 보이는 黃厖村 이외에도 鄭圃隱, 權陽村, 成獨谷, 吉冶隱 등과 교유한 기록이 위 유사지에 소개되어 있고, 공의 유작은 尙州와 長淵, 江陵, 襄城[醴泉의 古號]의 제영이 한 수씩 있는데 모두 수령으로 다스렸던 곳이다.

□ 죽서루 _ 강원 삼척시 죽서루길 37(성내동9-3)

삼척죽서루(三陟竹西樓)

고색창연한 절벽에 우뚝하게 솟은 죽서루여
꽃피고 지는 세월 그 얼마나 지내왔느냐
나라 위해 심신을 연마하던 삼천 화랑
바람 구름이듯 사라졌어도
오십천은 세월 함께 흐르누나
풍악소리 흥겨워도 종일토록 한스러우니
안개 흐르는 강 위에는 옛날이나
지금이나 시름겹구나
막중했던 임의 은덕 언제나 갚으려나
영욕에 찌든 먼지 낀 갓은 저 높이 걸어두고
이 몸은 해오라비 벗하노라.

「春雨」등 몇 편의 시가 전하는데, 근년에 상주박물관 경내에 시비를 세웠다. 이를 소개하면 다음과 같다.

상주를 읊다.	題詠尙州
이십년 전 使命 받들던 곳 돌아와 보니,	二十年前奉使還
마을과 성곽은 옛날 상산 그대로네.	閭閻城郭古商山
거리의 아이들은 새 관찰사를 한 입으로 말하나,	街童共道新觀察
고을의 노인들은 모두 옛날 판관이던 때를 일컫네.	邑老皆稱舊判官
가는 비에 비낀 바람이 취한 관모로 파고드는데,	細雨斜風吹醉帽
흩날리는 버드나무 솜털은 말안장에 쌓이네.	洛花飛絮惹征鞍
어지러이 오가는 이들, 누구 말을 들을 건가?	紛紜來往憑誰說
이슬방울 맺힌 뜰 안 홀로 난간에 기대어있네.	露滴庭中獨依欄

咸安이 본디 세거지였고, 安東 河回에서 만년을 살았던 사간공이 광주 텃골에 묻힌 것은 이유가 있다. 相地에 조예가 깊었던 이 어른이 身後之地로 보아 두었던 터가 있었는데, 지금 서울 강남구 내곡동에 있는 獻陵 땅이었다고 한다. 그러나 元敬王后가 승하하면서 이곳을 陵地로 정하자, 태종이 無學을 시켜 廣州 靈長山 아래 지금 텃골 땅을 대신 내주었다는 것이다. 이 때 무학이 태종에게, 텃골은 "貴不及二品이오, 富不過二千石이라"고 보고했다는 말이 문중에 전한다. 그러나 무학대사의 몰년이 1405년으로, 원경왕후의 승하보다도 15년이나 앞섰으므로 이 말의 사실 여부는 보증할 수가 없다. 아무튼 텃골은 현대에 이르기까지 사간공 후손들의 선영이고, 조선 후기인 18세기 초 이후에는 문중의 세거지가 되었다.

공과 관련하여 첨언할 것이 하나 더 있다. 공의 글로서 「廣州安氏族譜序」가 전한다. 공이 안씨 족보를 편찬하였는데, 책은 失傳되고 서문만이 전한다는 것이다. 때문에 기미보 이후 광주 안가의 모든 족보는 공의 서문을 권두 첫머리에 실어두었다. 3권의 이 족보는 安氏姓孫을 상권에, 外孫은 중, 하권에 기록하였으며, 庶孫들도 따로 부기 하였다고 한다. 이대로라면 우리나라 最古의 족보로 전하는 안동 권씨 성화보와는 다른 체제이다. 송준호교수는 이를 소개하면서 안가 전체를 다룬 것이 아닌 가첩 내지는 가승의 형태였을 것이라고 추정하였는데, 아무튼 이것이 있었다면 안동 권씨 성화보, 문화 유씨 가정보 보다 훨씬 앞선 것이다.

그러나 思簡公 편찬 족보가 과연 있었는지 의문이 없을 수 없다. 이 어른의 세대를 이어서 문내의 후진으로 遁翁(휘 淹慶) 貞菴(휘 完慶)과, 戒山(휘 宇) 耻菴(휘 宙) 형제분, 笞巒공(휘 覯)들과 직계 후손으로 氷厓(휘 彭命), 湖堂(휘 潤孫), 翼獻(휘 潤德), 湖山(휘 景祐), 松坡(휘 容), 參知(휘 士雄), 廣陽君(휘 滉) 등 체모 있는 분들이 대를 이어 배출되었는데, 족보가 전해지지 않고 실전되었다는 사실은 쉽게 납득할 수 있는 것이 아니다.

□ 사간공의 족적 하나를 찾고서…

高麗太祖白猿帖所思聯句

所思 그리워하는 바
東林送客處 동림은 손님을 배웅하는 곳이라
月出白猿啼 달이 뜨니 흰 원숭이도 슬피 우네
笑別吳山遠 웃으며 이별하나 오산은 멀고머니
何煩過虎溪 호계를 넘어가는 것을 어찌 번거롭다 하랴

*고려태조 왕건이 중국의 유장군이라는 분을 환송하며 직접 쓴 시로 원본은 狂草에 가까운 호방한 草書로 쓰여져 있습니다.

이 시를 몇백 년 지난 고려말에 명나라에 사신으로 간 포은 정몽주가 되돌려 받아 왔으니 그 기쁨이 오죽했겠습니까. 그래서 그의 동료, 문인들과 1387년 한가위에 대구 동화사에서 만나 회포를 풀며 즐겼답니다.

아래는 정몽주가 직접 그 내용을 적은 것입니다.

余自
洪武五年壬子奉
命如
京師十有六載之間送旅無暇未新與諸
君遊今日到達成桐華寺留相知
己遊適也 李寶林 李種學 吉

再 洪進裕 高炳元 金自粹 金若時
尹祥弼 洪魯 李行 曹希直 陶膺
安省 而十三友旣大飮奉觀
太祖手題所思贈劉將軍詩一首各
賦聯句俠自書 丁卯八月十五日 鄭夢周

 내가 홍무5년(공민왕21, 1372) 임자월로부터 사명을 받들어 경사에 16여 년간 파견되어 여행하느라 겨를이 없어 제군과 함께 노는 새로움이 없었는데 오늘 달성 동화사에 서로 유숙하며 지기들과 놀게 되었다. 이보림, 이종학, 길재, 홍진유, 고병원, 김자수, 김약시, 윤상필, 홍노, 이행, 조희직, 도응, 안성 등 십삼 인의 벗들이 많이 들 마시고 난 후 태조(왕건)께서 그리워 하는 바를 손수 적어 유장군에게 준 시 한 수를 받들어 보고 각자 글귀를 이어 부를 짓고 자서하였다.

 정묘년(우왕13, 1387) 8월15일 정몽주

□ 思簡公의 후손들

 思簡公은 鐵城(직장), 鐵關(주부), 鐵山(서령), 從生(감찰)의 네 아들과 崔士庸(첨지중추부사)과 閔和(지평)의 두 사위를 두었다. 최첨지공은 개국원종공신 崔有慶공의 아들이고, 민지평공은 개국공신 閔汝翼공의 아들이다. 공의 장자 직장공은 후손이 없고, 서령공과 감찰공의 후손들이 번창하였다.

사간공을 그리며 - 안 용 환 -

두문동의 맑은 바람 속에
스물여덟 번째로 이름을 남기신 분

태종의 나라에 청백의 길을 열고
팔도의 백성 위에 맑은 그늘 드리우셨네

안동의 강물 따라 흘러간 삶
하회마을에 칠십일 해를 채우시고
세종의 뜻에 따라
사간의 이름으로 영원히 불리우셨다

포은과 야은의 벗
황희의 붓끝에도 남은 외로움
그대의 자취는 역사의 돌에 새겨져
오늘 먼 후손의 가슴을 두드린다

푸른 하늘에 묻힌 목소리여
사간공 안성의 기개여
저 또한 당신의 자손으로서
그 향기를 이어 살고자 합니다.

追憶思祖(추억사조) - 안 용 환 -

두문동 바람 맑아
충절의 이름 서리 치네
팔도 고을 살피시며
백성의 삶을 밝히셨네

청백의 길 처음 여시어
세종의 시호 사간이요
포은의벗 야은의 친구
황희의 글에도 빛나도다

안동의 강물은 여전하건만
그 자취 이미 구름 되셨네
후손의 마음
영장산 자락 깊은 곳에
영원히 기개 머무시리

제향 : (음10.01) 텃골선영 사숙당
　　　호암서원 (음) 3월 6일 : 전북 남원
　　　용암서원 (음) 9월 12일 : 전북 장수

□ 광안 문과 홍패 45장 중 27장이 이 분 후손. 17장이 텃골
  안문 배출 인사.

- 安彭命 : 성종, 대사간, 淸白吏, 호 氷厓. 사간공 손자.
  을사명인 李若水·若氷·若海 외조. 순암 종10대조.
- 安潤德 : 중종, 호조판서, 증시 翼獻公, 호 月峰, 사간공 증손,
  순암 9대조.
  기묘명현 趙狀, 을사명인 李彦英이 손서.

◎ 翼獻公(휘 潤德)과 후손들

安東公(휘 彭老)의 아들은 潤福(신천 군수), 潤德(戶曹判書, 贈諡 翼獻), 潤國(사의) 3형제인데, 익헌공의 자손이 번창하였다.

翼獻公(휘 潤德, 1457~1535, 배 錦城 羅文緖 女, 기9세)은 文科에 급제한 뒤에 승문원에 보임되었는데, 經學에 밝다고 하여 성균관으로 옮겨 學正, 博士를 지냈다. 여러 벼슬을 거쳐 의정부 검상이던 1500년에 重試에 급제하였고, 도승지, 경상도 관찰사, 형조 참판이 되었다. 1504년 聖節使로 明에 다녀와 경기 감사가 되었으나, 그 해의 甲子士禍에 걸려 김제에서 귀양살이를 하였다. 中宗反正 뒤에 풀려나 한성 좌윤, 병조참판이 되었으며, 1510년 三浦倭亂이 일어나자 征南副元帥가 되어 난을 진압하였다. 그 전공으로 한성 판윤이 되고 형조판서를 지냈다. 1515년에는 평안도 관찰사로 나가 檀君과 箕子의 祠堂을 수리하고, 文廟에 作成庫를 조성하여 米布를 비축하여 儒生들의 學資로 사용하였다. 매월 유생들을 모아놓고 考講을 하였다. 이후 공조판서를 지내고 세자 책립의 고명을 반포하러 온 明使의 遠接使가 되었다. 1523년 戶曹判書를 제수 받았고, 左贊成에 올랐다. 1535년 별세한 뒤에 翼獻의 諡號를 받았다.

익헌공은 삼사의 淸職, 승정원과 육조의 要職을 두루 거쳤으며, 漢城判尹과 議政府 贊成까지 올랐으므로 왕조실록 등 관찬서는 물론 야사류의 문헌에도 기록이 매우 많다. 그 중 몇 가지를 소개하면, 평안 감사 시절 檀君 및 箕子의 유적과 學堂을 보수하여 문풍을 진흥시킨 공적이「平壤學堂補長小序」에 적혀 있고, 大同門樓를 挹灝樓로 개명하였다는 기록이『新增東國輿地勝覽』에 있다. 또 70세에 찬성 高荊山공, 동지 丁壽崗공 등 耆老 7인과 함께 致仕를 고하자 임금이 만류하면서 洛社의 故事에 따라서 연회를 베풀어 주었다고 魚叔權의『稗官雜記』에 전하며, 당시의 기록인「七老會契帖座目詩序」가 있다. 공의 평생을 담은 신도비는 대제학 鄭湖陰이 찬술하였다. 당시의 명필 金魯가 쓴 신도비가 사간공 사적비와 함께 텃골 이택재 앞 사간공 종중 주차장으로 이전하였다.

익헌공의 아들은 漢英(文科 홍문관 博士), 漢雄(종부시 주부), 漢俊(해주 목사), 漢彦(강화 부사)의 4형제인데, 장자 박사공은 아들이 없다. 趙靜菴선생의 문인이고 己卯名賢의 한 분인 趙忭공과 李彦忱공(문과 장령)이 그 사위들이니, 절행으로 이름난 永膺先生 李至男공은 박사공의 외손이다. 이공의 후손으로 正祖 때의 명사였던 李寅燮공은 익헌공의 후손 순암공의 문하에 출입하였다. 해주공은 안동 부사도 지냈었고, 사위들은 許凝, 兪涵(進士), 柳信공(翰林)들이다. 兪進士공의 후손 중에 뒷날 畿湖學派의 유현 兪市南이 있다.

江華공(휘 漢彦, 배 江陵 金維岳 女, 기10세)은 익헌공의 4자이다. 공의 장인 김참판공의 현손이 仁祖 때의 名臣 金起宗공이다. 강화공의 세 아들 汝誠, 汝敬(여주 목사), 汝恒(직장) 중에서 2자와 3자의 자손이 가계를 이었다.

驪州공(휘 汝敬, 1522~1585, 배 波平 尹汝諧 女, 驪興 閔頔 女, 기11세)의 행직은 목사에 그쳤지만, 뒷날 아들 廣陽君(휘 滉, 區聖

功臣)의 공훈으로 해서 좌참찬, 廣溪君의 追封을 받았다. 아들은 廣陽君이고, 사위는 李山福(별제, 李白沙공(이항복)의 형), 沈友正공(文科 壯元, 목사)들이 있다. 이백사공(이항복)이 찬한 그 형 이별제공의 묘지문에 의하면, 당시에 여주공이 "재물이 넉넉하였다."고 한다. 1739년 간행된 기미보에는 이 어른들의 계보 옆에 京中灰洞派라고 적혀 있는데, 회동은 지금 종로구 齋洞 일대로서 서울 북촌의 한 지역이다. 또 심목사공의 아들은 憓, 誢(도정), 諿(판서)들인데, 심도정공의 사위 朴長遠공의 『久堂集』에는 심도정공에게서 들은 광양군 사적이 있다.

江華공(휘 漢彦)의 3자이고, 驪州공의 아우인 직장공(휘 汝恒, 배 礪山 宋琒 女, 기11세)의 아들은 溱(안동 판관), 沂(부사과), 濬(부사직)의 3형제이다. 판관공(휘 溱)의 아들 宗仁, 宗義, 宗禮(생원), 宗智(선교랑) 중에 생원공과 선교랑공의 자손들이 가계를 이었다. 부사과공(휘 沂)의 아들은 宗祿(文科 壯元, 대사간), 宗福(부사용)인데, 대사간공은 자손이 없다. 부사직공(휘 濬)의 아들은 宗孝, 宗魯, 宗悌(호 杜門齋, 지평), 宗信(통덕랑)으로, 두문재공은 李白江공의 추천으로 경기전 참봉을 받은 뒤에 지례, 지평, 안음의 수령을 지내고, 남대와 사간원을 거쳐 지평을 지냈다.

同知공(휘 健行, 1625~1711, 배 文化 柳敬身 女, 驪興 閔何 女, 기14세)은 廣陽君의 장손 時聖공의 5자로 태어나, 부사용공의 장자 증참판공(휘 時望)의 系子로 入后하였다. 순암공이 성호선생을 뵈웠을 때의 문답을 기록한 「函丈錄」에서 성호선생이 말씀한 安典簿 丈이 동지공이다. 생원으로서 동몽교관, 전부, 한성 서윤을 지냈다. 아들과 손자 여럿이 科第에 합격하였으므로 가선대부 동지중추부사에 올랐다고 한다. 1704년 10월, 영남의 儒賢 李葛菴공이 안동에서 별세하자 京中의 南人들이 會哭할 때의 통문이 『갈암전집』에 실려 있는데, 참가 인사 수십인 중에 '安庶尹健行'이라는 명단이 있다. 당시에 동지공이 우리 문중을 대표하는 위치였음을 알 수 있는 자료이다.

동지공의 아들 瑞九공과 瑞采공은 모두 생원이고, 서구공이 「함장록」에 기록된 桃洞大父이다. 瑞采공의 아들이고 瑞文공의 계자인 杙공은 文科에 급제한 뒤에 司諫院 正言을 지냈다.

蔚山공(휘 瑞犳, 文科 부사, 호 兩棄齋)은 동지공의 5자인데, 광양군의 장손 別檢공(휘 信行)의 系子로 入后하여 廣陽君의 奉祀孫이 되었다. 이 분이 바로 순암공의 祖考이다.

瑞采공의 사위 黃最공의 아들 黃以坤공은 성호선생의 문인이고, 그 아들들인 黃德壹(호 拱白堂), 德吉(호 下廬) 형제는 순암공의 문인이다. 하려공의 수제자가 이 글에서 자주 말한 許性齋공(휘 傳)이다. 최근에 순암공이 제자 공백당에게 보낸 간찰을 보았는데, 발신자인 당신의 휘자 앞에 從叔父라고 적은 것을 보았는데, 이러한 인척 관계였기 때문에 그렇게 기록한 것이다.

- 安溉 : 임진왜란 扈聖功臣, 廣陽君 추봉, 不遷位, 德興大院君 女壻.

廣陽君(휘 溉, 1549~1593, 배 全州李氏 德興大院君 李昭 女, 기 12세)은 驪州공(휘 汝敬)의 아들이다. 휘는 溉, 자는 景浩이니, 휘와 자가 모두 퇴계선생과 동일하다. 행직은 돈녕부 도정이고, 덕흥대원군의 사위이므로 선조임금의 생가 姊婿이다. 그러나 공은 왕가와 혼인을 맺은 이후 行身을 더욱 엄격히 하여 마치 寒士처럼 지냈다고 한다.

壬辰倭亂이 터지고, 임금을 모시던 내시들이 전부 달아나 버리자, 공은 임금의 말고삐를 잡고 平壤을 거쳐 義州에 이르기까지 徒步로

扈從하였다. 행궁에서도 섬돌 아래에 거적을 깔고 지키다가 임금이 취침하고서야 물러났다가 이른 아침에는 누구보다도 일찍 問候하기를 始終如一하였다고 전한다. 이 기록은 朴久堂공의 문집에 있는데, 정조 때에 丁海左공이 찬술한 「贈刑曹判書廣陽君安公諡狀」에도 같은 내용의 글이 있다.

廣陽君은 피난지인 平安道 江西 客館에서 45세로 별세하였다. 난이 진정된 뒤에 扈聖功臣 2等 廣陽君으로 追封되었고, 刑曹判書의 증직을 받았다. 대제학 柳西坰이 찬술하고 金玄成이 쓴 神道碑銘이 광양군 墓傍에 세워져 있고, 그 한글 번역비가 텃골 마을안에 사간공 사적비, 익헌공 신도비와 함께 있다.

廣陽君의 배위 全州李氏(1548~1637)는 德興大院君의 따님이니, 中宗의 손녀이고, 宣祖의 生家 姊氏이다. 이 어른은 90세의 장수를 누렸다. 夫君 廣陽君이 돌아가시고 40여 년을 더 사셨던 것이다. 이 어른의 장례 당시 손자 鷗浦공(휘 獻徵, 文科 관찰사)의 사돈 崔遲川공이 지은 만사 「挽廣陽君夫人」이 『遲川集』에 있는데, 이를 보면 당시 子孫들의 繁昌을 짐작할 수 있다.

불천위 제향
광양군 할머니 (음) 6월 27일 텃골 선영 충양사
광양군　　　　(음) 7월 5일　텃골 선영 충양사
임란공신 추모제향 : (음) 4월 13일 : 충남 보령

◇ 증시(贈詩) 선조대왕(宣組大王)이 광양군(廣陽君)에게 내린 시(詩)

忽見芳名掛桂林 홀견방명괘계림	꽃다운 이름이 계림에 걸린 것을 홀연히 보니
津津喜氣一何深 진진희기일하심	진진한 기쁜 기운이 어찌나 깊은지
可成嚴父趨庭訓 가성엄부추정훈	엄격한 아버지의 가정 교육을 성취 하였고
足慰慈親斷織心 족위자친단직심	인자한 어머니의 짜던 베를 끊은 위로하겠네
染筆鳳池應不遠 염필봉지응불원	봉지에 붓을 적실 시기가 응당 멀지 않을 것이요
垂名竹帛在如今 수명죽백재여금	역사에 이름 남기기 이제부터 일세
遙知賜蓋飜飛處 요지사개번비처	알겠노라 내린 일산 펄럭이는 곳에
雨露恩華月下陰 우로은화월하음	우로의 은혜 꽃이 달 아래에 그림자 드리우리

(조선왕조 실록 선조 7년5월23일)

鷗浦公(휘 獻徵, 文科 관찰사)의 장녀 는 전주최씨 최명길(崔鳴吉)의 아들 최후량(崔後亮)(1616~1693)과 결혼 사돈 지천(遲川)공 최명길(崔鳴吉)이 지은 만사「挽廣陽君夫人」이『遲川集』에 있는데, 이를 보면 당시 子孫들의 繁昌을 짐작할 수 있다.

◇ 광양부인 만사
　　挽廣陽夫人

광주 큰 고을에 봉작 받으신 그 명예 높으시니,
移封大郡錫名崇
붉은 붓으로 적은 아름다운 말씀 금중에서 들려오네.
彤管徽音聞 禁中
선조대왕님과 돈독하신 우애, 그 恩緣 이보다 더할 수 없었나니,
友篤先朝恩莫竝
지금 임금님의 집안 어른이시어 禮采가 융숭하네.
屬尊當宁禮采隆
훤당께서 보여 주셨던 즐거움이 끝없었는데,
萱堂正見怡愉極
사셨던 세월을 듣자니, 구십이나 되셨네.
鶴算仍聞九十終
큰 어른 돌아가신 뒤 남은 경사를 알고프면,
欲識碩人身後慶
상복 입은 후손들 백여 인을 보게나.
百夫行裏有緦功

광양군(안 황)   - 안 용 환 -

손가락를 잘라 피를 넣어드리며
부모님의 병을 달래셨네
그럼에도 숨을 거두신 아버님의
장례를 치르기까지 물 한 모금도 드시지 않으시고
묘막살이 하셨네

효자의 이름 세상에 길이 남아 빛나고
처남되시는 선조 임금님께서 권하는
벼슬과 권세를 모두 사양하시며
나아가지 않으셨네

임진왜란으로 임금님을 모시고
귀양길에 홀로 호송하시니
45세 젊은 나이에 세 자식을 두고
과로로 세상을 떠나시니

임란공신 2등으로 기록되어
오늘 바람결에도 충과 효의 이름이 전해지니
광양군(안 황)의 이름은 영원히 빛나리라.

자랑스런 광양군 부인을 기리며 - 안용환 -

일찍 남편 떠나보내고
홀로 사십 년간 긴 세월을 버티시며
세 아들을 정성으로 키워내신 분

그 품 안에서 자란 아들들
이산해 가문의 따님과 인연 맺고
후손은 관찰사. 암행어사로 나아가
나라에 기둥 되었네

묵묵히 지켜낸 그 헌신과 강인함
우리는 자랑스런 할머니라 부르며
오늘도 그늘 아래에서
빛나는 이름을 이어간다

할머니 사랑합니다.

□ 아들 삼형제(應元, 應亨, 應仁) 손자(時賢, 獻規, 獻徵)
   증손(後昌, 後稷, 後說, 後泰)
   3대 9명이 문과 급제. 순암이 6대 宗孫, 廣成君 습봉.
- 安應亨 : 인조, 호조참판, 숭정대부, 호 靜齋, 李山海 女壻,
   순암 종5대조.

廣陽君의 2자 參判公(휘 應亨, 1578~1655, 호 靜齋, 배 韓山 李山海 女, 기13세)은 생원을 거쳐 1606년 文科에 급제한 뒤에 승문원과 6조의 낭관, 삼사의 청직을 두루 거쳤다. 외직으로는 남양 부사, 청주 목사를 지냈는데, 두 고을에 모두 善政碑가 있다. 아직 30대인 1615년에 2品官에 올라 황해 감사를 시작으로 하여 동부승지와 경기 감사를 지낸 뒤에 평안, 충청, 전라, 경상도 관찰사를 두루 거치고, 예조, 형조 참판을 지냈다. 그러나 인조반정 이후에는 閒職과 散官을 전전하다가 1640년 謝恩副使로 명에 다녀와, 개성 유수를 거쳐 대사헌, 호조 참판으로 봉직하다가 별세하기 며칠 전에 戶曹判書를 받았으나, 引年不就하였다고 한다. 별세한 뒤에 孝宗이 예조 좌랑을 보내어 致祭하였고, 崇政大夫 左贊成에 추증하였다.

공은 大北 정승 李鵝溪공의 사위이다. 壬辰倭亂 발발 직후 鵝溪공이 平海에 流配되었을 때, 공이 陪行하였다.『鵝溪遺稿』 箕城錄에 여러 차례 보이는 安郞이 소년 시절의 참판공이다. 공은 獻奇(안산 군수), 獻規(문과 정랑), 獻徵(호 鷗浦, 문과 관찰사)의 세 아들을 두었다.

장자 安山公(배 德水 李芬 女, 기14세)은 진사로 안산 군수를 지냈는데, 배위 덕수 이씨는 李芬공(호 黙軒, 문과 정랑)의 따님이다. 이정랑공은 소년 시절에 부친 이찰방공(휘 義臣, 忠武公의 伯兄)의 임지 가까운 곳의 수령이었던 鄭寒岡에게서 배운 文士였고 禮學에 밝은 분이었다. 이공은 忠武公 李舜臣將軍의 長姪로서 壬辰倭亂 중에는 그 아우 李莞공과 함께 충무공의 종사관으로 활동하면서 충무공의 行錄을 남겼는데, 이 글은『李忠武公全書』에 실려 있다. 이공은 文科를 거쳐 兵曹正郞을 지냈다.

나의 9대조 통덕랑공(휘 瑞翔)이 龍仁 胎藏(현 水枝區 古基洞, 城南市 大壯洞 일대)에 터를 잡고 살았던 것은 李正郎공의 외손으로서 德水李氏의 가산을 물려받았기 때문인데, 우리 태장 종중은 매년 가을의 시향 때에 李正郎공의 제사를 받들고 있다.
　安山공은 後昌(문과 가평 군수), 後益(통덕랑), 後爕(통덕랑), 後奭, 後達(호 一蓑翁)의 5자를 두었는데, 장자 가평공은 증손 이후 가계가 끊겨 안산공과 정랑공, 구포공의 자손들이 참판공의 향화를 받들고 있다.

　참판공의 2자 正郎공(휘 獻規, 배 全州 李幼淵 女, 기14세)은 별좌로서 1635년 增廣文科에 급제한 뒤에 병조 정랑을 지내던 중인 1641년, 43세로 별세하였다. 정랑공의 장인 이공은 퇴계선생의 문인 李養中공의 아들이고, 西平府院君 韓浚謙공의 사위이다. 정랑공의 아들은 後稷(문과 지평), 後契(통덕랑), 後說(호 齋谷, 劍南, 문과 호당, 승지), 後尹(현감), 後弘(통덕랑)의 5자를 두었고, 사위는 金時夏(豊山 金念祖 子), 權憲(霞溪 權愈 弟)이다.
　정랑공의 장자 持平공(휘 後稷, 1620~1653, 배 泗川 睦耆善 女, 驪興 閔鐔 女, 기15세)은 생원을 거쳐 1650년 增廣文科에 급제하여 지평, 고성 군수를 지냈으나, 1653년 34세로 별세하였다. 後契공의 아들로서 백부 지평공의 후사를 이은 瑞國공은 문예가 뛰어나 『藝苑掇英』 8권을 찬집한 것이 있다고 한다.
　湖堂공(휘 後說, 1632~1664, 배 豊山 洪柱後 女, 豊山 沈齊 女, 기15세)도 20세의 弱冠에 文科에 급제하였고, 翰林과 侍講院, 三司를 두루 거쳐 湖堂에 선발되었고 연안 부사와 동부승지, 兵曹參知를 역임하였다. 일찍부터 재학이 뛰어나 일세에 명성을 떨쳤으나 32세로 별세하였다.

아들 瑞鼎(진사, 배 泗川 睦林衡 女)과 瑞重(통덕랑)의 후손들이 광주 텃골 등지에 살고 있다. 호당공의 사위 吳尙純공(도정)은 英祖 때 南人 領袖 吳藥山공의 부친이다. 호당공의 다른 외손 吳弼運공의 사위는 正祖의 名臣 蔡樊巖공이다.

參判공의 3자 鷗浦공(휘 獻徵, 배위 羅州 丁好善 女, 慶州 李灝男 女, 기14세)은 1621년 22세에 文科에 급제하였다. 翰林과 三司의 淸職을 지내고 六曹의 郎官을 두루 거쳐 司成, 直提學에 오른 뒤에 江原道 觀察使를 지냈다. 구포공은 젊어서부터 文名을 떨쳐 특히 변려문을 잘 지었다. 별세 뒤에 예조 판서의 증직을 받았다. 구포공의 분묘는 만년에 살았던 南陽府 鷗浦里(현 화성시 비봉면 구포리, 삼화리 일대)에 있는데, 이곳은 李鵝溪공의 田莊이 있었던 곳으로서 막내 사위 參判공(휘 應亨)을 거쳐 외손인 구포공이 물려받은 것이다. 공의 문집인 『鷗浦集』은 외손인 崔錫鼎공이 편집하여 간행하였다. 이 책은 韓國文集叢刊에 실려 있다.

구포공의 아들은 後尙공(재령 군수, 배 晋州 姜栢年 女)과 後顯공(통덕랑)이고, 사위 한 분은 崔後亮공으로 崔遲川공의 嗣子이니, 少論人臣 崔錫鼎, 錫恒공 형제는 구포공의 外孫들이다. 또 재령공의 장인 姜雪峰공의 아들은 대제학과 좌참찬을 지낸 姜白閣이고, 손자 중의 한 분은 文人畵家로 이름난 姜豹菴이다.

廣陽君의 장자 正言공(휘 應元)의 장인 崔鐵剛공은 北譜에 그 이름이 보이고, 2자 參判공(휘 應亨)은 大北 政丞 李鵝溪공의 사위이며, 광양군의 사위 중에 한 분인 柳恒공은 小北 政丞 柳永慶공의 조카이므로, 이 분들 세대의 혼반은 대체로 東人계 北人들이었다.

그러나 參判공의 子孫들은 구포공(휘 獻徵)처럼 西人 崔遲川 가문, 小北 姜雪峰 가문과 혼인하였던 경우도 있으나, 주로 南人家들과 혼인을 맺었다. 이후 廣陽君 子孫들은 대체로 南人으로, 일부는 北人으로 행세하였다. 그리하여 이상 몇 분의 세대를 지나면서 당쟁이 치열해지자, 思簡공(휘 省) 이래 10여대를 지속하였던 벼슬이 이내 끊어졌다.

실상 廣陽君의 아들 두 분(應元, 應亨), 孫子 세 분(時賢, 獻規, 獻徵), 曾孫 네 분(後昌, 後稷, 後說, 後泰) 등 3代에 걸쳐 9장의 紅牌를 받았고, 그 중에는 3代(應亨 → 獻規 → 後稷, 後說), 또는 형제분(應元, 應亨 / 後稷, 後說)이 연이어 文科에 及第한 경우도 있었으나, 참판공 한 분이 2품에 올랐을 뿐, 현달한 분이 없었다. 應元, 獻規, 後昌, 後稷, 後說공들은 及第하고 얼마 지나지 않아 젊은 나이에 別世하였고, 應亨, 時賢, 獻徵, 後泰공들은 이런저런 是非에 말려 宦路에 妨害를 많이 받았다는데, 그 사정은 이루 다 적지 못한다.

이 분들의 다음 세대에는 順菴공의 조부 蔚山공(휘 瑞羽) 한 분만이 文科에 급제하였고, 울산공의 生庭 조카 栻공과 순암공의 玄孫 兢遠공이 각기 文科에 급제하였으나, 두 분 모두 벼슬은 正言에 그쳤다. 또 순암공의 후손 孝根공과 孝植공이 군수, 현감을, 素菴공(휘 鼎祿)의 현손 泰遠공(호 泊人)이 진사로서 궁내부 참사관과 시종, 군수를 지냈을 뿐이며, 참판공의 후손들은 朝鮮末期에 參奉, 主事 같은 末職을 받은 몇 분이 있었고, 生員, 進士에 入格한 분들이 어쩌다 보일 뿐이다. 그런 처지로 겨우 班名을 유지한 채로 근대를 맞이하였는데, 서울 인근 鄕村에 터를 잡은 鄕班으로 잔존하여 선비로서의 儒業을 계승하기에도 힘이 겨웠다.

- 安獻徵 : 현종, 관찰사, 호 鷗浦, <鷗浦集>, 정재 아들.
  崔錫鼎·錫恒 외조.
- 安後說 : 현종, 도승지, 湖堂, 호 劍南, 정재 손자. 吳光運 외조.
- 安瑞羽 : 숙종, 울산부사, 호 兩棄齋, <兩棄齋遺稿> <楡院十二曲>,
  순암 조부.
- **安鼎福** : 순암선생, 廣成君, 증시 文肅公, <順菴集>.

□ 텃골의 다른 유적들
- 思簡공 (휘 省) 사적비, 安秉善 찬.
- 翼獻공 (휘 潤德) 신도비, 鄭士龍 찬, 金魯 글씨.
- 廣陽君 (휘 滉) 신도비, 柳根 찬, 金玄成 글씨. 한글 번역비.
- 忠陽祠, 광양군 별묘.
- 思肅堂, 문중 재사.

□ 성호 학맥

李瀷 ⇒ 尹東奎, 安鼎福 ⇒ 黃德吉 ⇒ 許傳 ⇒ 李南珪 (20세기 전반까지 학맥 계승)

　　⇒ 李秉休 ⇒ 權哲身, 李基讓 ⇒ 丁若銓, 若鏞 (19세기 전반)

□ 순암 문중과 성호학파 주요 인물

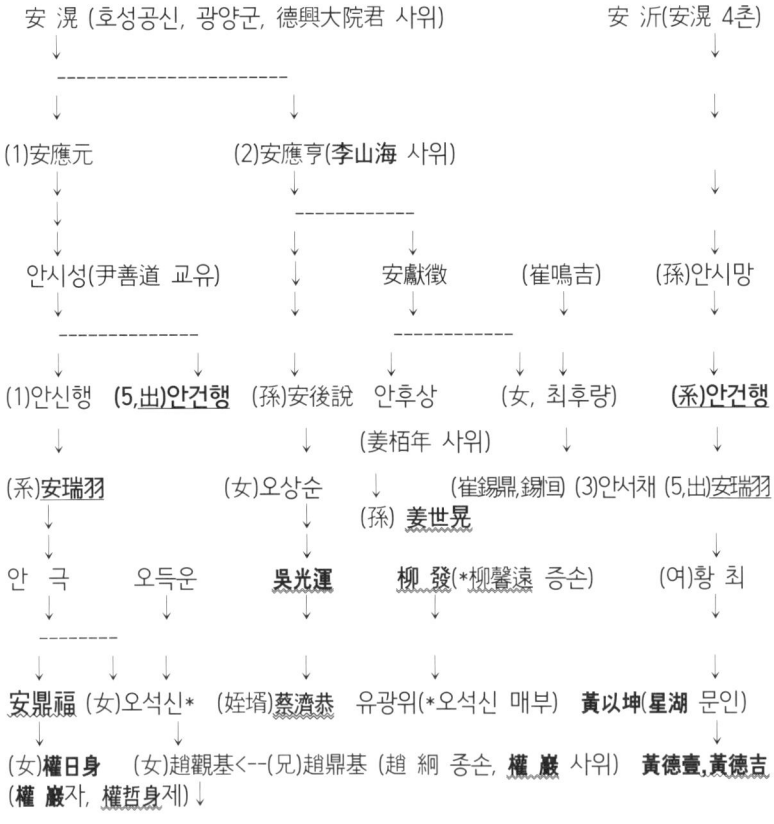

□ 참 고

安滉 : 임난 호성공신, 광양군. 德興大院君 사위. 순암 6대조.
安應亨 : 참판. 安滉 2자, **李山海** 사위. 순암 종5대조.
安獻規 : 정랑. 안응형 2자. 처조부 李養中은 **退溪 문인**. 순암 재종고조.
安獻徵 : 관찰사. 안응형 3자. 처부 丁好善은 **丁若鏞** 7대조. 순암 재종고조.
安後說 : 湖堂, 승지. 안헌규 아들. **吳光運** 외조. 오광운은 **蔡濟恭** 스승이고 처숙부. 순암 3종증조.
姜栢年 : 안헌징 아들 안후상 처부. 좌참찬, 姜鋧(대제학) 부친.
姜鋧 : 姜世晃 부친, **趙綱** 손서.
柳發 : **柳馨遠** 증손, 아들 柳光渭는 순암의 벗이고, 순암 매부 오석신의 매부.
  - 순암이 오석신을 통하여 柳發을 만남. 유발의 요청으로 <磻溪年譜> 편찬.
吳錫信 : 순암 매부. 고조 吳挺一(판서), 安獻徵(순암 종고조)은 茶山조상 丁好善사위.
趙觀基 : 순암 매부 오석신 사위. **許傳** 처부. **趙綱** 후손.
  - 趙觀基 백형 趙鼎基는 **趙綱** 종손이고, **權巖** 사위.
權巖 : 성호 문인. 權近 봉사손. 權哲身, 權日身(순암 사위) 형제의 부친.
李基誠 : 순암 손서. **李基讓** 아우. **李山海** 사위이고 安應亨 동서인 李德馨 후손.
許傳 : 許曄(草堂) 許筬(岳麓) 부자의 후손. **黃德吉**의 제자. 순암 학맥의 嫡傳.
李南珪 : 修堂, 李山海 후손, **許傳** 문인.

* 李南珪 (1855~1907, 호 修堂. 許傳 문인) 1905년경 이택재 방문. 이를 통해 순암 문중 후손들이 근대까지 이어온 강학 기풍 확인.

麗澤齋　　　　　　이택재

麗澤藏書屋	이택의 장서 가득한 집,
順菴歸老鄕	순암이 은퇴하신 마을이더라.
洞門交樹樾	동구에 마주 선 나무 그늘 짙은데,
石竇發泉香	돌 틈에 솟는 샘물 맛이 달고나.
兄弟曾蒞軸	형제분 물러나 살던 이곳에,
雲仍此搆堂	구름처럼 많은 자손들 강당을 지었네.
典型今未遠	그 어른들의 훌륭한 법도, 멀지 않으니,
留得誦聲長	글 읽는 소리 길이 머물리.

[下略] 〈修堂遺集〉 卷1

사간공(思簡公) 안성(安省)

광주학 연구소 김이동 부소장

思簡公(사간공) 安 省(성)
(호 泉谷) (1351~1421)

광주(廣州)를 본으로 하는 성씨는 광주 이씨, 광주 안씨, 광주 노씨, 광주 김씨 등 여러 성씨가 있다. 그런데 광주 안씨에서는 순암(順庵) 안정복(安鼎福)을 제일로 치는 경향이 있다. 물론 순암 선생이 뛰어나지 않다는 것이 아니라 다른 뛰어난 분도 계신 데 순암이 최고인 것으로 생각하는 것 같아 안타까운 마음에서 글을 쓴다.

천곡(泉谷) 안성(安省: 1351~1421)은 광주 안씨의 세거지인 오늘날 중대리 텃골에 자리를 잡기 시작한 선인(先人)이다. 천곡의 묘[1]는 이택재를 가는 길목에서 우측으로 올라가면 얕으막한 언덕에 새로 세운 듯한 비석이 맞이한다. 천곡이 죽은지 600년 이상 지났는데 비석은 최근에 세운 것이 의아하다.

천곡 안성의 묘

---

1) 광주시 중대동 산 15-1

　천곡은 사후에 자신은 불사이군(不事二君)을 하지 못했으니 묘실에 석물을 세우지 말라는 말을 하여 후손들이 비석과 장명등 등 석물을 세우지 않았다가 600여 년이 지나 최근에 세운 것이다.

　천곡은 고려 우왕 4년(1378)에 등과록에 생원으로 등록되었으며 우왕 6년(1380)에 문과에 급제하였다. 이때 우왕이 천곡의 이름이 소목(少目)이어 두 자를 합쳐 성(省)이란 이름을 하사하여 안성(安省)이 본명이 되었다. 천곡의 소목은 실제로 한쪽 눈이 작아서 소목이라 하였으며 초명(初名)이다. 그 후 벼슬이 보문각 직학사를 거쳐 외직으로 상주 판관이 되어 백성을 다스렸다.

　특히 상주 판관 재직 중 백성에게 선정을 베풀고 성을 개축해 왜구의 침략에 대비하니 백성들이 믿고 따랐으며, 독곡(獨谷) 성석린(成石璘)은 '백성을 다스리는 데는 오직 안씨가 으뜸'이라고 했다.

 1392년 이성계가 조선을 건국하자 천곡은 조선 왕조 개창에 반대해 절개를 지켜 세상과 단절하고 살아가려 하여 고려 충신들 두문(杜門) 72현과 함께 두문동으로 들어갔다. 그런데 당시의 그곳의 선현들이 천곡 안성과 방촌(厖村) 황희(黃喜) 등의 젊은 인재를 보고 두문동에서 나가기를 강권하여 그곳에서 나와 고향 함안으로 낙향했다. 낙향할 때 포은(圃隱) 정몽주(鄭夢周)와 야은(冶隱) 길재(吉再) 두 분과 술을 나누고 시를 지어 애석한 정으로 작별하였다.
 그런데 태조 이성계가 혁명으로 흐트러진 민심을 수습할 만한 신하를 찾던 중 고향에 내려간 천곡을 불러 개성유후(開城留侯)를 임명하나 천곡이 응하지 아니하고, 우리 선조가 고려 대대로 벼슬하여 시중(侍中), 학사(學士) 등 고려에 충성을 다하였는데, 어찌 조선에서 벼슬을 하리요. 또한 장차 무슨 면목으로 조상의 영혼을 대하랴 하고 궁전 기둥에 머리를 부딪치고 통곡하며 자결하려 하니, 조선의 공신들이 천

곡을 해하려 하자, 태조가 급히 만류하며, "나에게는 역신이나 고려에는 충신이다. 이 사람을 죽이면 후세 선비들 중 누가 군주에 충성하겠느냐" 하고, 고려의 신하된 자 고려에 충성하는 것이 정당한 도리라 하고, 천곡을 고려의 충신으로 극진히 대우하였다. 그 후 천곡은 고려의 충신들이 화를 당하는 것을 보고 노부(老父)의 안위를 생각하여 부득이 조선 조정에 나아가 벼슬을 받으니 태조의 각별한 신임을 받았다.

태조 2년(1393)에 천곡 안성, 우현보, 류구, 길재, 서견 등 5인이 청백리(淸白吏)로 선정되었는데 조선 청백리 218[2]인 중 첫머리에 기록되었다. 이러한 청렴한 가풍은 그의 매부인 세종 때의 영의정 류관(柳寬)의 묘가 이웃 고을인 양평 강하면에 있는데 부인 광주 안씨가 천곡의 누이이다. 류관도 세종 때 청백리에 녹선(錄選)되었다.

류관은 청백리로 소문난 인물이었는데 베옷과 짚신으로 검소하게 살았고, 음식은 밥과 국, 나물이면 족하게 여겼으며 귀한 손님에게도 탁주 한 사발과 소금으로 절인 콩, 무쪽으로 대접을 했다. 높은 벼슬에 있음에도 동대문 밖에서 담장 하나 없는 초가집에 살았다. 한 달이 넘도록 장맛비가 쏟아져 천장이 새어 방안으로 비가 쏟아지자 류관은 태연하게 우산을 받쳐 들고 비를 피했다. 그리고 부인에게 "우산이 없는 집은 비를 어떻게 버티겠소?" 하고 걱정을 했다. 이 집을 우산정(雨傘亭) 또는 우산각(雨傘閣)이라 하였는데, 뒤에 외 6대손 지봉 이수광(李睟光)이 비우당(庇雨堂)이라고 하였다.

일반적으로 청백리의 기준은 고위 관리로
1. 고위직으로 부정을 저지를 수 있는 자리에 있으면서 공정한 업무처리를 한 관리

---

[2] 일부는 217인으로 논하기도 한다.

2. 지나치게 재산이 많지 않은 관리 또는 재산을 적극적으로 늘리려 애쓰지 않은 관리
3. 일반적인 관습에서 벗어나지 않는 범위 내에서 남이 주는 것을 받은 관리로 위의 3가지 모두를 충족해야 한다. 그렇다고 청백리로 녹선된다고 할 수도 없었다.

보통 청백리는 사후에 녹선되었다. 그러나 생전에 선정되는 경우도 있는데 이때는 염근리(廉謹吏)라 하였다.

1396년 봉상시 소경(奉常寺 少卿)으로서 판한성부사(判漢城府事) 계림군(雞林君)인 원훈(元勳) 정희계(鄭熙啓)의 시호를 최견·안성·김분 등이 지어 올렸으나 지나치게 허물을 강조하고 공을 줄였다 하여 천곡은 장(杖) 1백에 도(徒) 3년으로 정하였다가, 조준 등의 건의로 태조가 감하여 경상도 축산(丑山)에 유배되었다가 1년 만에 해배되었다. 봉상시는 조선시대 국가의 제사 및 시호를 의론하여 정하는 일을 관장하기 위해 설치되었던 관서로 보통 3개의 호를 정해 올리고 이를 이조에 넘기면 국왕이 낙점을 하는 방식으로 운영되었다.

1400년 (정종 2) 중승(中丞)을 거쳐 지보주사(知甫州事)가 되었다.

1407년 (태종 7) 경상도관찰사(慶尙道觀察使)로 임명되었다.

천곡이 경상도관찰사가 된 후 왕지(王旨)가 있어 경상도 지역 백성의 사정을 살펴, 연호군정(煙戶軍丁)3)을 점고(點考)하였는데 또 인보(隣保)의 법(法)을 거행하게 하니, 이 흉년(凶年)을 당하여 일시(一時)에 아울러 행하기가 어려울 것 같습니다. 인보(隣保)의 적(籍)4)이 이루어진 연후에 군정(軍丁)을 점고(點考)하소서 하고 건의하니, 그대로 따랐다. 이렇듯 천곡은 언제 어디서나 백성의 입장에서, 백성의 편의를 위해 적극적인 행정을 편 관리였다.

---

3) 나라의 역사(役事)에 동원하는 지방의 군인장정(軍人壯丁)
4) 조선 초기에. 향촌을 통제하고 호적을 작성하기 위하여 10호(戶) 또는 여러 호를 하나로 묶은 편호 조직.

1411년 (태종 11) 하정사(賀正使) 지의정부사(知議政府事) 정탁(鄭擢), 부사(副使) 참지의정부사(參知議政府事) 안성(安省)이 경사(京師)5)에서 다음 해에 돌아왔다.

　1413년 (태종 13) 4월 사헌부에서 상소(上疏)하여, 대사헌 안성(安省)의 직임을 파면하도록 청하였다. 안성은 일찍이 전라도에 봉사(奉使)하여 완산(完山) 기생 옥호빙(玉壺氷)을 사랑하다가 뒤에 경상도 관찰사가 되매, 불러다가 도내의 함안(咸安) 전사(田舍)에 두고, 부상(父喪)을 당했어도 돌려보내지 아니하였다. 또 참지의정부사가 되어서는 총제(摠制) 이징(李澄)의 첩인 의녀(醫女) 약생(藥生)을 간통하였는데, 이징은 그를 잡고서도 일부러 모르는 체하고 그에게 장(杖)을 때렸다. 또 그 모족(母族)을 간통한 까닭이었다.

　1413년 (태종 13) 강원도도관찰사로 제수되었다.

　강원도도관찰사 우홍강(禹洪康)·충청도도관찰사 이안우(李安愚)·충주목사 권진(權軫)·원주 목사 권완(權緩) 등이 충청도 제천(提川)에 모여서 술을 마셨는데, 일이 발각되자 헌사(憲司)에서 탄핵하여 아뢰었다. 임금이 우홍강이 타도에 넘어갔다고 하여, 특명으로 파직시켰다. 이에 안성(安省)으로 강원도도관찰사(江原道都觀察使)로 삼았다.

　강원도도관찰사 안성(安省)이 병으로 사직하니, 윤허하지 아니하였다. 간원(諫院)에서 상소하여 말하였다.

　"안으로는 헌부(憲府)에서 밖으로는 감사(監司)가 풍속을 규찰하여 기강(紀綱)을 바로잡는 임직(任職)입니다. 그러므로 능히 자기 몸을 바르게 한 자라야 이 임직에 당할 수 있는데, 안성은 전에 대사헌이 되었을 적에 본부에서 그 행실의 부정을 갖추어 파직시키기를 청하였으나 얼마 안되어 감사의 직임을 제수하였습니다. 대저 감사와 헌부는 그 직임이 한 가지이라 이미 헌부에서 합당하지 않았다면 반

---

5) 명(明)나라의 서울

드시 감사에도 합당하지 않을 것이며, 안성은 일신(一身)의 행실을 잃었으니 그것이 풍기의 임무에 어떻겠습니까? 엎드려 바라건대, 전하는 다른 신하 중 정직한 자를 택하여 대신케 함으로써 도의 풍속을 바르게 하소서."

이에 태종 임금이 "안성의 불초(不肖)한 일은 모두 문증(文證)[6]이 없으니, 논란이 여기에 이른 것은 불가하다." 고 하며 천곡의 무죄를 말하였다.

태종이 천곡을 강원도 관찰사로 임명했는데, 대간들이 임명장에 서명하기를 기피했다. 당시 4품 이상의 관원에게 대한 서경[7]과 고신(告身)[8]은 한림(翰林)의 담당이었으나 안성을 폄훼하며 몇 달이 지나도록 고신을 발급하지 않자 태종은 화를 내며 왕이 직접 임명하는 관교법(官敎法)을 부활시켜 천곡을 임명하였다.

왕지의 원문은 "왕지 안성위가정대부 강원도도관찰출척사겸 감창안집전륜권농관학사 제조형옥병마공사자 영락 십이년 사월 이십이일"

"王旨 安省爲嘉靖大夫 江原道都觀察黜陟史兼 監倉安集轉輪勸農管學事 提調刑獄兵馬公事者 永樂 十二年 四月 二十二日"이라 적혀 있다.

보통 왕지(王旨)라고 하는 것은 교지(敎旨)와 교첩(敎牒)의 내용과 비슷하다. 처음에는 왕의 분부를 왕지라 하였는데, 세종대에 이르러 교지와 교첩 등으로 불리게 되었다. 교지와 교첩의 분류는 종 4품의 관직에서 분류하게 되는데, 대부(大夫)라는 칭호를 놓고 분류된다. 종 4품 조산대부(朝散大夫)나 조봉대부(朝奉大夫)의 호칭에서 대부라는 칭호가 있고, 정 5품의 통덕랑(通德郎), 종 9품에 이르는 장사랑 등의 칭호에는 랑(郎)이 붙는 것처럼 교지와 교첩을 대부의 칭호와 랑의 칭

---

6) 문증(文證) : 문서로 된 증거.
7) 임금이 새 관원을 임명한 뒤에 그 성명, 문벌, 이력 따위를 써서 사헌부와 사간원의 대간(臺諫)에게 그 가부(可否)를 묻던 일
8) 조선시대에 관원에게 품계와 관직을 수여할 때 발급하던 임명장

호에 따라서 분류하게 된다. 위의 관직은 관찰사(觀察使) 또는 방백(方伯)이라는 칭호를 관찰출척사(觀察黜陟使)라로 표현하였다. 조선 창업 초기 관제의 형식이다. 출척(黜陟)이라고 하는 것은 경계(境界)에 대한 방어와 수비의 역할로 팔도의 방어에 대한 내용이고, 권농(勸農)에서처럼 농업을 진흥시키고, 형옥(刑獄)에서처럼 형법에 관한 일도, 병마(兵馬)에서처럼 국방에 대한 내용도 포함시키고 있다. 한마디로 강원도에 대한 방어와 수비, 조세의 수납과 관리, 권농 그리고 학사, 형벌과 병마 군사 등 공적인 것에 대한 권한 등을 부여한다는 교지이다. 특히 태종이 직접 친필로 써서 내려보낸 것이다.

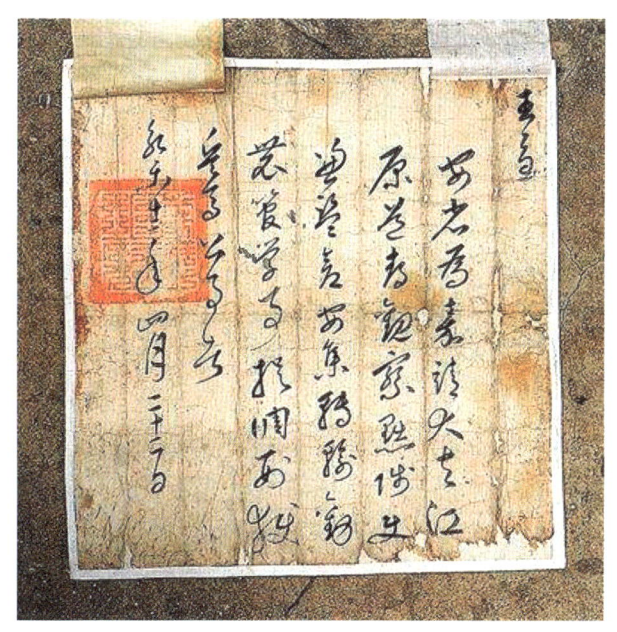

<태종의 어필왕지(御筆王旨)>
전라북도 유형문화재 제143호

1415년 (태종 15) 육조에서 시행할 만한 진언 사건(陳言事件)을 의논하여 아뢰었으니, 무릇 33조항이었다. 그중 하나가 강원도도관찰사를 역임하며 백성들의 고초를 직접 보고 어려움을 해결하려 공안부윤(恭安府尹) 안성(安省)이 진언한 것으로 '강원도에서 연례적으로 바치는 목재는 궐(闕)할 수 없는 것이니, 강원도의 다른 공물(貢物)은 타도(他道)로 적당히 옮기어, 강원도 백성들을 부생(復生)하게 하소서' 하니 받아 주었다.

1418년 (태종 18) 평양백(平壤伯)[평양감사]을 제수 받다.

평양감사를 하는 동안 치부하는데 3 정승과도 바꾸지 않는다는 속설이 있었는데 천곡은 청백리로 평양감사를 마치고 돌아가는 모습은 나귀 마차에 허름한 이불 한 채와 평소에 입던 의복이 낡은 대나무 농(籠)에 담겨져 있고 책 몇 권이 실려 있었다.

부인 송씨가 말하기를 "대그릇이 찢어졌는데 왜 다시 바르지 않소" 하니 천곡이 "내가 헌 종이를 가져오지 않았는데, 어떻게 바른단 말이요" 라고 했다. 그는 녹봉으로 빈민을 구휼하고 집에는 한 섬 곡식이 없어도 그러려니 하고 꿋꿋이 절개를 지키며 가는 곳마다 교화를 이룬 청백리였다.

이 모습을 보고 백성들은 목민관 천곡에 대한 연민의 정을 참지 못했다고 한다.

다음은 천곡의 귀향 모습을 황희가 그 모습을 보고 찬한 글이다.

천곡(泉谷) 예찬문(禮讚文)

방촌 황희

표연탁립	봉호천인	飄然卓立	鳳乎千仞
도배포야	덕합기영	道配圃冶	德合箕潁
일농자수	염귀하중	一籠自隨	廉歸何重
연명거후	부유일인	淵明去後	復有一人

풍파에 떠도는 가운데 우뚝 솟아 있으니
봉황새 같이 높이 솟아 있고
도의는 포은과 야은과도 짝할 만하고
덕은 기산 영수를 합친 것 같네
하나의 대나무 농이 뒤따르니
청렴하게 살다가 돌아가는 것이 어찌 중요하지 않으랴
도연명이 죽은 후에
또 한 분이 있다네

相訣詩 一句
사간공 임종시에 문병온 방촌 황희에게 지어준 시 한구절 친필

吾儕身後事　우리가 죽은 후에 이어 받아 할 일은
只守一廉字　다만 청렴할 "렴(廉)" 한 자만을 간직할 뿐이네

1419년 (세종 원년) 개성유후사유후(開城留後司留) 재임 중 신병으로 사임하였다.

천곡은 사임 후 경상도 하회(河回) 땅에 후손을 위하여 터를 잡고 사시려 하였다.

이때 황희가 안성의 병이 위독하다는 말을 듣고 몸소 가서 서로 손을 잡고 이별을 고하며 치자(治者)의 도(道)를 묻자, 안성이 "우리가 죽은 뒷일은 다만 청렴 '렴(廉)'자 한 자만을 지킬 뿐"이라고 했다. 이어 '임금의 은총을 입고 있으니 마땅히 보답해야 할 것인데'라고 했다.

여기서 그의 청렴함과 임금에 대한 충성심을 엿볼 수 있다.

1421년 (세종 3) 향년 71세로 기세(棄世)9)하시어 왕명으로 3일간 조회를 폐하고 부의로 종이 70권 하사하고, 삼도 관찰사로 호상하도록 하였다.

장지는 광주부 경안 덕곡(廣州府 京安 德谷) 영장산(靈長山) 중록(中麓) 갑자지원(甲子之原)에 예장 하였다.

세종께서 사간(思簡)이란 시호(諡號)를 내리시고 증숭록대부 의정부 좌찬성(贈崇祿大夫議政府左贊成)을 제수하였다.

배위(配位)는 군부인(郡夫人) 증정경부인 여량송씨(贈貞敬夫人礪良宋氏)이다.

사간(思簡)이란, 그전 과실을 뉘우치는 것을 사(思)라 하고, 평이(平易)하여 남을 헐뜯지 않은 것을 간(簡)이라 하였다.

---

9) 웃어른이 돌아가시는 것을 이르는 말

광주 텃골:
순암안정복 선생 유적 답사 자료

2025년 09월 30일 인쇄
2025년 09월 30일 발행

지은이 안용환
펴낸곳 동 천
경기도 광주시 텃골길 26번길 23-12

등록번호 제 2011-000079

값 12,000원
　ISBN 979-11-994798-1-4

* 후원금 안내 :
* 농협 351-0999-5876-23 (순암연구소)

* 잘못된 책은 바꾸어 드립니다.